メディア都市パリ

山田登世子
Yamada Toyoko

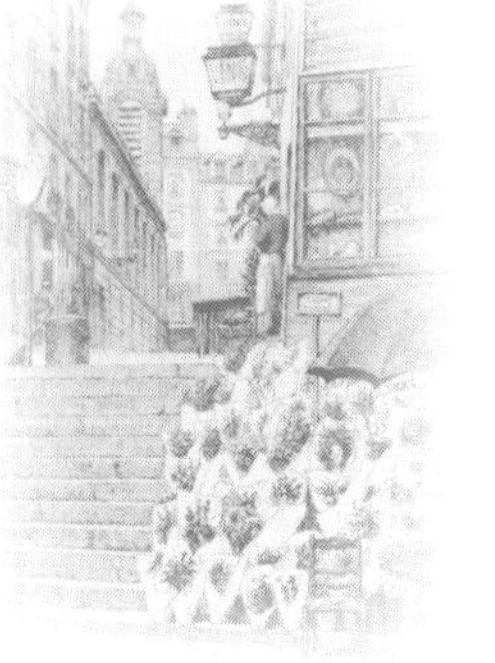

藤原書店

メディア都市パリ

目次

メディア都市パリ

1

トピックスの発明

19世紀のファッション空間グラン・ブールヴァール遊歩（『パリの悪魔』より）

トピックスという装置

十九世紀パリはインダストリーの世紀、鉄道が走り、ガス灯がともり、まばゆい人工の光のもと、ブールヴァールには高級ブティックが軒をならべる。「マドレーヌからサン＝ドニまで、大いなる商品陳列の詩《うた》が、色とりどりの歌をうたい続けてゆく」（バルザック）。その商品の詩に歩をあわせるように、ファッショナブルなパリっ子たちが街にくり出し、ブールヴァールを遊歩する。上流人士はオペラ座でモードを競い、物見高い庶民は犯罪大通りの劇場に通いつめ、街路は大勢の群衆でにぎわう。

こうしてモダン都市の気分が漂いはじめる十九世紀前半のパリに、その都市を語るディスクールが生誕する。題して『パリ便り』。一八三六年から一八四八年まで、十二年間にわたって書きつづられたこのシティ便りから、いまランダムに冒頭の幾つかをとりだしてみよう。

流感に襲われたパリ（ドーミエ画）

「今週、とくに変わったことは何も起こらなかった……文学書にも新刊はみあたらない」

「今週、新しいことは何もなし。唯一新しいことと言えば〈流感〉ぐらいのものだ。最近ロンドンから上陸してきたこの第三の天災がパリにも猛威をふるいはじめている」

「今週、新しいものは何もなし。ここ一週間というもの、パリは何ひとつ変わった様子もない。爆弾騒ぎもなければ、華々しい公的行事も何ひとつなかった。大都市の表情は変わらず、何の事件も起こらなかった」

「今週、パリっ子たちの熱狂をさらった事件と言えば、なにはさておきグリーン氏の気球飛行とオーストリア大使館での大舞踏会だった」

ご覧のとおり、このディスクールの文法は〈今週〉と〈新しさ〉とからなっている。今週のイベント、今週の出来事、そしてなにか新しい話題。要するに、今週のトピックスというのが、このシティ便りの話法である。

こうしてパノラマ風景のように時間を一週間という単位で切り取り、そのつど新しい何かを語るディスクール。「何も新しいものがない」週は、何も絵のないパノラマのようなものであり、逆に新しいイベントが目白押しの週は、目まぐるしく風景の変わるパノラマそのままにディスクールも熱気をおびてくる。

シャン・ド・マルスのファッショナブルな競馬レース、シャンゼリゼの民衆フェスティバル「産業博覧会」、チュイルリー宮の王室晩餐会。盛大な産業博に、荘厳なアカデミー演説。どっと押し寄せて来る地方人の来襲に、負けじとパリもごったがえす。そのうえパリと郊外の両方で火事騒ぎ……今週は、次から次へとおしゃべりの種に事欠かない。

そのつど目新しく、好奇心をそそる話題を切り取ってきては紙面にならべてみせる。それが、トピックスというものである。二十世紀末、氾濫する情報の洪水のなかに生きているわたしたちは、このトピックスなるものをあたかも自然環境のようにして暮らしている。今週のトピックスなどと言われても、実はそれが〈切り取られた〉時間と〈切り取られた〉情報を組み合わせて操作された言説であり、歴史の一時期に発明された言説なのだと、あらためてそのフィクショナルな操作性を意識することなどほとんどないといっていいだろう。それほどまでにトピックスは疑似自然と化している。

ファッショナブルなパリっ子たちでにぎわうブールヴァール情景。カフェ・ド・パリは七月王政時代のもっともトレンディなカフェのひとつだった。

ハイ・ライフの社交場でもあった競馬レース（ラミ画）

けれども、〈トピックス〉はまぎれもなく歴史上のある時期、新聞という商品とともに発明されたフィクションである。そして、それが発明された時代は、小説というもうひとつのフィクションが生誕した時代とほぼ重なりあう。いっぽうに文学というフィクションがあり、他方に情報というノンフィクションがある――ついこのあいだまでわたしたちはこのような境界線を漫然と信じつづけてきたのではないだろうか。それほどまでに、トピックス――そしてそれを生誕させた新聞――は、わたしたちの第二の自然になりきってしまっている。毎日、新聞をひらき、そこに山とちりばめられたトピックスの数々を読みながら、いったい誰がいまさらその新聞について、情報産業などということばを思いうかべるだろうか。わたしたちはその内容だけに目を奪われて、「紙面」というフレームをやすやすと忘れてしまう。

新聞。ニュース・ペーパー。「情報」と「紙」というソフトな素材を組み合わせて製造された産業製品。ここで語りたいのはこの製品である。まぎれもなく新聞は十九世紀前半、インダストリーの時代に発明された産業製品なのだから。このソフトな商品のなによりの商品価値は〈新しさ〉である。さらに正確に言うなら、一日、あるいは一週という、切り取られた時間ごとの新しさであり、毎日、毎週「変化する」新しさである。そのつど、そのたびごとの新しさ。次の日、次の週にはもう古くなってしまう新しさ。たえず新しい新しさ。この新しさは、別の何か、インダストリーの世紀が産みだしたもうひとつの産業とそっくりである。そう、ファッションにそっくりなのだ。さればこそベンヤミンの都市論『パリ――十九世紀の首都』は、冒頭から新聞に言及せずにいないのである。奢侈品産業が栄え、パサージュに並べられた商品の数々がモードの夢幻劇を繰り広げる時代、新しさ《ヌヴォテ》というモードの論理にのっとって、もうひとつの産業が生誕する。「流行品店（マガザン・ド・ヌヴォテ）のかたわらに、新聞が出現する。新聞は精神的価値の市場を形成するのである」。

モード産業のかたわらで、情報が商品になる。いずれもその売りものは鮮度であり、ナウさ（ニュース！）である。いっぽうが目の快楽の装置なら、もういっぽうは知の快楽の装置である。日々新しい出来事を「知る」という楽しみ。この知の快楽を大々的に産業化したのがジャーナリズムであり、ジャーナリズムこそインダストリーの世紀十九世紀が生んだ最大の産業の一つにほかならない。

新聞のなかのパサージュ

こうして情報を商品化し、メディアの市場を創設するのにあずかって力あった男、その名をエミール・ド・ジラルダンと言う。十九世紀フランスのジャーナリズムの大立役者である。一八三六年、ジラルダンは大衆紙『プレス』紙を創刊し、文字どおりこの新聞が近代的プレスの原型となる。近代的というのは、この新聞が、それまでの新聞の政治紙的スタイルを一新して、知る楽しみを売りものにした一般読者むけの情報紙を創始したからである。これによって新聞の読者数は飛躍的に伸びた。ジラルダンとその事業については次章にくわしくふれるが、この大衆紙とともにわたしたちはメディアの市場の生成に立ち会うことになる。

Prix pour Paris et les départements, un an, 40 fr. — Pour six mois, 22 fr. — Pour trois mois, 12 fr.

ANNÉE 1836. — N° 107.

LA PRESSE

JEUDI, 27 OCT.

ÉTRANGER.

FRANCE.

CHRONIQUE POLITIQUE.

FEUILLETON.

COURRIER DE PARIS.

『プレス』紙面。下段学芸欄に『パリ便り』がある。

事実、新聞は、モード産業と同じ不思議な商品価値をもった製品として市場に誕生した。新しさと変化がその独自な商品価値である。その紙面は、たえず刺激に満ちた「目と知の遊歩」を提供しなければならない。『プレス』には、その遊歩のためのコーナーが設けられていた。一面下段、新聞紙面を建築にみたて、ジャーナリズム用語で「一階」とも呼びならわされていた「学芸欄」である。そのコーナーこそ、さまざまな情報という知の楽しみがにぎやかに幸《さきわ》う場所、いわば新聞のなかのパサージュであった。冒頭にあげた『パリ便り』は、ほぼ十二年にわたり、毎木曜日（後に土曜日となり、不定期となるが）、休みなくこのコーナーを飾りつづけた『プレス』紙のヒット商品だったのである。ちなみに、他の曜日がどんな記事でうめられていたか、創刊まもない時期の学芸欄の構成をあげておこう。

日曜日　アレクサンドル・デュマの歴史小説
月曜日　テオフィル・ゴーチエの美術評論
火曜日　フレデリック・スーリエの戯曲
水曜日　ランベール博士の科学エッセイ
木曜日　パリ便り
金曜日　農業・工業・公共事業など産業情報
土曜日　海外紙紹介

デュマ、ゴーチエとともに、バルザック、ユゴー、ラマルチーヌなど、ロマン派作家の面々がこの学芸欄で筆をふるうことになるが、木曜日の『パリ便り』は何といってもそのロングランぶりで他を圧倒している。

それもそのはず、『パリ便り』はたえざるトピックスの提供者だったからだ。そのつど新しい話題を、ショーウィンドーのように繰り広げてみせるディスクール。そのモードの話法がパリっ子の人気をさらったのである。主張をもち「言うべきこと」をもった論説より、巷の噂を語り、ゴシップを流す雑報のほうが必ず面白く、人びとの好奇心に訴える。メディアの市場のなかでは、論説より時のトピックスのほうが商品価値が高いのだ。雑報というこの人気商品の秘密をベンヤミンは次のように語っている。「新聞に、日々新しい相貌を、しかも割り付けいかんで巧みに変化する相貌をあたえるのは、政治論説でも新聞小説でもなく、情報であり、この変化する相貌こそ新聞の魅力の一部をになっている。情報はたえず更新されなければならない。街の噂、劇場の裏話、そしてさまざまな〈雑報〉がその絶好の供給源になる」。

ベンヤミンが語っているのはほかでもない『パリ便り』についてであり、例にひいているのは一八三九年一月の『便り』、そのトピックスはダゲールによる写真の発明である。「新しさ」が身上のこのシティ便りは、それじたいが時代の発明品だが、同時代の発明にかんしては、いち早くトピックスにとりあげる。ダゲールの写真もそうなら、鉄道開通も例外ではない。一八三七年八月二五日、

1837年、パリ―サンジェルマン間に鉄道が開通する。テクノロジーの〈速度〉は一大センセーションをひきおこし、人びとは駅に殺到した。

パリ―サンジェルマン間に初めて鉄道が開通する。その週の『便り』は鉄道旅行体験記である。「昨日も雨だったが、それほどひどい雨ではなかった。そこでわれわれは鉄道でサンジェルマンまで行ってきた。われわれにとってそれは義務であった。何であれ新しい発明はすべてわれわれをたき起こす。われわれは何が何でもそれを語らなければならないようにさせられているのだ。というわけで、昨日われわれは、サンジェルマンに行くために夕方の五時に家を出たのだが、帰りついたのは、なんと九時だった！」。超快速の噂に反し、なぜこれほどまでに時間がかかったのか。『便り』は、不慣れな乗務員の手際の悪さと乗客のとまどいぶりを面白おかしく語りながら、鉄道というかつてないスピードの発明がいかに人びとを驚かせたか、その驚愕のさまを生き生きと伝えてゆく。こうしてこの日の『便り』は鉄道旅行現地ルポになっている。ルポルタージュ、そして取材。これまた新聞の世紀に生まれたジャーナリズムの発明品だが、『パリ便り』はこうしたルポ感覚を存分に駆使しながら次々と時の話題を追いかけてゆく。

　そのつど口の端にのぼってはすぐに消えゆき、流通するともなくたちまち消費されてゆくトピックスの数々。モードのようにはかない。つかの間《エフェメラ》のディスクール。都市の日々の表情をそのまま伝えてゆく『パリ便り』は、遊民の快楽にもっともフィットしたジャンルだったのだ。それから一五〇年ほどたった高度消費社会の現在、わたしたちはみな目と耳の遊民と化してエフェメラの情報を消費しながら生きている。新聞は、それがインダストリーの世紀に誕生したれっきとした産業製品であったことなど忘れてしまうほど日常的な疑似自然環境と化し、トピックスを語る「◇◇便り」の類は、これまた氾濫しすぎてごく当たりまえのものになりきっている。

　けれども、間違いなく、時の話題を自在に語る〈コラムの話法〉は、一八三六年九月、『プレス』紙上に初めて生誕をみたのである。刻々と移りゆく時の気分を語り、〈今〉に浮遊するヒトとモノを軽いタッチで語ってゆくディスクール、要するに、消費メディアとしての言説がここに誕生したのである。その生誕がパノラマの全盛期であるのは偶然ではないだろう。新聞の紙面とはすべてのものをカタログ化して今に浮上させる装置であり、その紙面はいわば見えないガラスに覆われている。ガラスのウィンドーの向こうに陳列された商品のように、夢見させながら消費される言説。『パリ便り』とともにわたしたちはまぎれもなくマスカルチャーの誕生に立ち会う。ロマン主義文学というハイアートで知られる十九世紀をこのマスカルチャーの側から読み解いてゆくといったい何がみえてくるか――『パリ便り』は、もしこう言ってよければ十九世紀の「言説の文化史」の格好の道案内の役割をはたしてくれる。

スーパー・アクチュアル

『便り』は時に浮遊するトピックスを語ってゆく。今週の人とモノ、うわさ話、流行のファッション、そしてさまざまなイベント報告。今ナウイもの、トレンディなものを語ってゆくそのディスクールは、言いかえれば「ファディッシュ考現学」である。新しいうえにも新しい、スーパー・アクチュアルがその時制である。手の切れるようなホットな今でなければ語るに値しない。アクチュアルこそこのディスクールの絶対的な時制である。

さてそのアクチュアリテだが、実を言えばこのことば自体がまぎれもなく当時のファディッシュそのものであった。すなわちアクチュアリテという語は、『パリ便り』が書かれ始めた一八三〇年代にはじめて出現し、さかんに流行したことばの一つだったのである。むろんその発信源は、アクチュアリテを商品にするインダストリー、ジャーナリズムである。ジラルダンは『プレス』以前にもいろいろな小新聞を創刊しているが、そうした小新聞のひとつ『モード』紙の一記事が、このアクチュアリテなる語のファディッシュぶりを実に生き生きと伝えている。記事の書き手はバルザック。しかもタイトルは、ずばり「流行語について」である。

それというのもアクチュアリテに限らず、いろいろなことばがやたら流行するという流行語現象じたいが、これまた当時の新風俗だったのだ。むろんその発信源はこれまたジャーナリズム以外にあろうはずがない。モード産業は、流行中《ア・ラ・モード》／流行遅れ《デモーデ》という恣意的なモノの陳腐化のプロセスによって服飾の流行をつくってゆくが、同様のプロセスを、ジャーナリズムは言説の流通の場でつくりあげてゆく。そうした流行語のメタ・ディスクールをバルザックの記事は語っている。

「何かのはずみで流行になったことば」は、このことばを使って話す連中に「何やら難解で意味ありげな雰囲気」をあたえ、かれらに「強力な力」をあたえる。（……）かれらは、そのことばはどういう意味ですかなどとたずねたりする馬鹿者がいれば、じろりと横柄な目つきでそいつを見下す権利をもつことになるのだ。あるいは、そいつを鼻先でせせら笑い、

こう叫ぶ権利もある。「何ですって！　このことばをご存じない？」

（……）

そして全員にむかって、この人物は遅れていると証明できる権利をもつのだ。

この流行語現象が特権化するもの、それは今という時であり、アクチュアルなものである。ナウさが価値として浮上してくるとたんに、アクチュアリテという語そのものが流行語にのしあがる。バルザックが語るその流行ぶり。

場面は、とある夕べの集い。めいめいが新聞や本や小説など、最近読んだものの感想を語り、批評しあう。「なるほど書かれた思想も悪くないし、描写の絵画性もなかなかのものだ」云々。

（……）

そこで、君はこうつけ加えるのだ、「だが、現在《いま》は、それじゃないんだな、現在はね……」

全員が君を見つめる。

「現在、本にはアクチュアリテがなくっちゃ。別に、本だけでなく、何事もそうだけどね……」

そう言うなり、君は一同に目もくれず、火挟みを手にして暖炉の燠をつつく。翌日になると、ほとんど全員がアクチュアリテということばを使うことだろう。だが、その使いかたはでたらめである。というわけで翌日から君は、誰が才人で誰が馬鹿か、男性でも女性でも、本当に流行のわかった者は誰なのか、すぐに区別がつくだろう。

この記事が掲載されたのは一八三〇年五月である。一八三〇年といえば、文学史上に名高いユゴーの『エルナニ』の年。『エルナニ』上演とこの記事とは数ヵ月もへだたっていない。今ここにない彼方の時空への憧憬を煽りたてたロマン主義の熱狂の時代はまた、アクチュアリテという語が最新流行の語として流通しはじめた時代でもあるのだ。中世趣味がハイアートの世界を席巻した十九世紀前半は、新しさが商品になり、ニュースの市場が創設された「新聞の世紀」でもあるのである。十九世紀をマスカルチャーの側から見ようというわたしたちにとっては、中世より〈今ここ〉が、アクチュアリテが問題である。トピックスはアクチュアリテなくして存在せず、アクチュアリテこそ『パリ便り』の商品価値である。今に浮遊するファディッシュ、『便り』はそれを読者に送りとどけた。『パリ便り』はスーパー・アクチュアルが売りものだったのだ。

実際、『パリ便り』は週に一度、毎木曜日の連載だったが、いったい作者はその原稿をいつ書いたのだろうか?――『パリ便り』は水曜日、つまり掲載日の前日に書きあげられたのである。まさにホットな流行通信である。それほどホットでなければ、ファディッシュ考現学になりはしない。

さきほどから「ファディッシュ考現学」と言っているが、いうまでもなくこれは週刊『朝日ジャーナル』に連載された田中康夫のコラムのタイトルである。たまたま現在わたしの手もとに、単行本になった一冊、『ファディッシュ考現学'88』があるが、その後書きがわたしには面白い。掲載日と原稿締切のことを語っているからだ。現代のファディッシュ考現学と一五〇年前のそれと、いったいどちらがアクチュアル度が高いだろうか?『朝日ジャーナル』の実質的発行日は、都内で毎水曜日。田中康夫は原稿をいつ書きあげたのか? 後書きをみてみよう。

「ファディッシュ考現学」の原稿を僕が書き終えて編集部宛にファックスで送稿するのは、月曜日です。一週間前の月曜日ではありません。同じ週の月曜日です。

いっぽう十九世紀の『パリ便り』の、これは後書きならぬ連載七回目の『便り』の冒頭部。

『パリ便り』は誤植だらけでも仕方がない運命にある。誤植という犠牲を払ってでも、そうでしかアクチュアルではありえないからだ。木曜掲載の『パリ便り』は、水曜日の夕方に書かれなければならないようになっている。つまり真夜中に印刷にまわるようになっているということだ。まるで生きの良いウサギの生皮を剝ぐような案配に。

おわかりのとおり、一日の差で勝負は十九世紀の勝ちである。掲載日の「前日」と「前々日」の差、その一日分だけ『パリ便り』のほうが田中康夫より鮮度がたかい。それほどまでにこのパリ流行通信はスーパー・アクチュアルを心がけたのである。『便り』はそれをこう語っている。「この〈便り〉を日曜日に書いたのはよいが、水曜日にはもうその原稿を反古にして火にくべざるをえないということもあった。おしゃべりが早くも古くなってしまっていたからである。無駄ばなしはフレッシュであってこそウケルのだ。というわけでわれわれは誤植には目をつむり、あきらめて印刷の気まぐれの運不運に身をゆだねることに決めている」。まさに現代の『ファディッシュ考現学』も真っ青のスーパー・アクチュアルである。このアクチュアリテとともに、もうひとつ、ここにうかがわれるのは、作者の姿勢の「軽さ」であろう。この『パリ便り』第七信は、のっけからこう書き出している。「読者はご存じだろうか？〈パリ便り〉を書くにはあまりプライドなどもちあわせてはいけないということを。真の作家なら決してこんな覚悟はできないにちがいない」。

ご覧のとおり、『パリ便り』はその書く姿勢においてもまことにファディッシュだが、そのことばのなかで、「真の作家」という自己の他者の存在を指し示している。産業製品であり消費物であるエフェメラのテクストの書き手には、文学という不朽のテクストの「作者」が対峙している。同じエクリチュールが、ひとつは今ここの市場で消費され、もうひとつは彼方をめざしながら、たがいに境を接しあっている。ジャーナリズムとロマン主義文学が同時代現象として生誕する十九世紀は、「作者」の問題が発生する時代である。作者と作者でない者、その境界線はいったいどこで引かれているのか。

ニュースとミューズ

ここでそろそろ『パリ便り』の書き手の名を明かすべきだろう。というのも自分を「真の作家」でないというこのライターは、実は作家でもあったのだ。作者をめぐる境界線の微妙にゆれるところ、書き手はそこに位置している。しかも問題のそのトポスには、もうひとつの境界線が引かれている。すなわち「性」の境界線である。それというのも『パリ便り』のライターは、女性作家でありながら男性名で書くことを選んだからだ。このひとりのライターに、十九世紀に発生するさまざまな文化の境界線が交錯しあっている。クロスオーバーするその境界線は、結果としてこのライターに三つの名をあたえることになった。その三つの名を解き明かしながら『パリ便り』のライターを紹介しておこう。

まず、デルフィーヌ・ゲイ。ひとまずこれが彼女の本名であり、作家名でもある。一八〇四年、帝政下のフランスに生まれたデルフィーヌは、娘の頃からすでにその美貌と詩才で名高かった。母ソフィ・ゲイは帝政時代のいわゆるメルヴェイユーズ（伊達女）のひとりとして文芸サロンを開いた女流作家である。母から美貌と才能を受け継いだデルフィーヌは、幼い頃からサロンの華やかな環境に生い育ち、十五歳の若さで早くも社交界にデビューした。誰もが讃えてやまない輝くような美貌を武器にして。この金髪の美女を、ラマルチーヌは「アポロンの像」にたとえ、サント＝ブーヴは「太陽を否定しがたいと同じように否定しがたい美しさ」と語っている（『月曜閑談』）。この美女が鈴を振る声で「歌うように自在に詩をあやつる」となれば、たちまちミューズの名が冠せられるのは無理もない。事実、二十一歳の若き詩作によって早くもシャルル十世の恩顧をうける身となったデルフィーヌは、以来〈祖国のミューズ〉と呼ばれながら、華やかな芸術サロンを開いてゆく。ラマルチーヌ、ユゴー、ヴィニー、ゴーチエ、ミュッセ、ジョルジュ・サンド、バルザック、デュマ、シュー……。デルフィーヌ・ゲイは文字通りロマン派のミューズであった。当時の作家たちの残した数多いオマージュのなかから、もっとも名高いものを紹介しておこう。デルフィーヌの生涯の友であったロマン派最大の詩人ユゴーのオマージュである。

いのち謳い給え、君臨し給え。愛しの女《ひと》。
サロンは貴女を待ちわび、成功は君が名を告げわたる！
さんざめく舞踏会もたちまちに色を失う、ひとたび貴女が去りゆけば！
華やぐ名、麗しのひとなれかし、愛し給え、ほがらに笑い給え、歌い給え！
星と薔薇の栄華に輝ける貴女なれば！
貴女の魅惑の瞳は種々《くさぐさ》のことを我に語り、
軽やかにして優雅な君がことの葉の意味を教える。
貴女の唇からもれいずることばは貴女の瞳のうちにきららに輝く。
時折ふと悲しみが貴女の胸ふさぐとき、
その瞳からこぼれ落ちるは、涙ならぬ真珠かと見まごうばかり。
夢に沈む時さえ、貴女はなおも笑みを湛えて。
いのち謳い給え、愛でられしひと、誇りたかきひと、おお、金髪の美女よ！

（『静観詩集』より）

そのあまりの格調高さに、「正調」ロマン派とでも言いたくなるようなユゴーのこの詩は、ニュースの時代が同時にロマン主義全盛の時代であることを改めて想起させてくれるが、実際ここに描か

ジラルダン夫人の肖像

れた金髪の美女の肖像は、いかにも絵に描いたようなロマン派のミューズにふさわしい。けれども、そのミューズのままであれば、デルフィーヌ・ゲイはアンチークな額縁の中に収まったひとりの閨秀作家として、せいぜい文学史の逸話のなかに名をとどめるに終わったことだろう。事実、彼女の詩作品はどうひいき目にみても今日再読しうる体のものではない。

ところがデルフィーヌはその額縁からぬけだして、もうひとつの名を選んだ。すなわち、エミール・ド・ジラルダン夫人である。彼女を取り巻く幾多の男たちの中から、デルフィーヌは一見もっとも「似つかわしくない」男を夫に選んだのだ。もっともロマン派的感性から遠い男、もっともモダンな男——近代ジャーナリズムの仕掛け人、新聞王エミール・ド・ジラルダンを。ロマン派の〈ミューズ〉は、一見ふさわしからぬ〈ニュースの商人〉と結ばれたのである。人びとの意表をついたこの結婚は、にもかかわらず、かたく結ばれあったひとつの世界をつくりあげた。ロマン派のミューズと新聞王と、この二人の結びつきは、文学とジャーナリズムという十九世紀の二つの支配的言説がインタークロスする空間をわたしたちに提供してくれる。同じ十九世紀に興隆をみながら離反しあう二つの言説が交差する微妙なトポス、それがデルフィーヌ・ド・ジラルダンのサロンなのだ。文学者が彼方の名声を夢見る場でもあり、同時に「言説市場」に身を売る場でもあるこの空間については、これからもたびたび言及してゆくことになるだろう。

さしあたって問題はデルフィーヌの名のことである。彼女は、エミール・ド・ジラルダン夫人という名のほかに、もうひとつ、第三の名を選ぶ。しかも今度は男性名を。すなわち、シャルル・ド・ロネー子爵――ほかでもないこれが『パリ便り』のライターの名である。デルフィーヌはなぜ男性名を選んだのか？　十九世紀前半のフランスは、いま述べたように、一方で小説とジャーナリズムという二つの新しい言説が生誕し、それとともに「テクストと署名」という問題が発生した時代であり、そして他方でまた、文化空間に性の領域分化の線がひかれてゆく時代である。そこでテクストとジェンダーと名は、錯綜したプロブレマティークを織りなしている。その錯綜した在りようを読み解いてみようというのが本書のテーマの一つでもあるのだが、こと『パリ便り』の作者ド・ロネー子爵にかんするかぎり、この「名の問題」の謎はあっけないほど簡単なのだ。デルフィーヌ・ド・ジラルダンはなぜ男性名で書いたか？――戯れに。遊び心で。どうやらこれが答えなのである。

ロマン派の〈ミューズ〉ジラルダン夫人の文芸サロン　左から、バルザック、デュマ、F・スーリエ、リスト、J・ジャナン、ユゴー、後姿はおそらくゴーチエ。（グランヴィル画）

〈退屈〉殺し

ミューズが額縁からぬけだしてきて、ファディッシュな流行通信の筆をとる。その軽さを楽しみながら、ファディッシュの快楽と戯れる。金髪のミューズはジャーナリズムといういかがわしい言説のいかがわしさと戯れながら、そのお遊びを読者に隠そうとしなかったのだ。お忍びの名も含めたその軽さが読者にうけたのである。というのもド・ロネー子爵のアイデンティティは『便り』連載開始から十日もしないうちにたちまち知れわたってしまっていたからだ。サロンのミューズとしてもジラルダン夫人としてもすでに名高く、作家としても著名だったデルフィーヌのこと、偽名の正体が割れるのはどのみち時間の問題でしかなかった。そしてこの「幻のド・ロネー子爵」ゆえ、『便り』の人気はいっそう高まったのである。

戯れのディスクール。事実『パリ便り』の面白さは、作者が自分の姿勢の軽さをいっこうに隠そうとせず、おおっぴらにそれを公言していることにある。冒頭にかかげた『パリ便り』の書出しをもういちど引用してみよう。「トピックスのなさ」を語っているディスクールを。「今週、とくに新しいことは何もなし」「今週、新しい事件は何も起こらなかった」。〈語ることがない〉ことを語っているこのディスクールは、実は次のように続いているのである。たとえば、一八三九年八月一〇日の便り。

「今週、新しいことは何もなし。……大都市の表情は変わらず、何の事件も起こらなかった。何も語ることがないときては、仕方がない！　モードだのおしゃれだの他愛ないごたくをならべざるをえない。ここがわれわれの務めのいちばんつらいところだ」。

あるいは、一八三七年一月の便り。

「今週、新しいことは何もなし。唯一新しいことと言えば、〈流感〉ぐらいのものだ。……ところが、われわれコラムニストの身にすれば、語ることが何もないということは、だからといって何も語らなくて良いという理由になりはしない。ニュースがない時にはニュースをでっちあげるのである」。

明らかに、作者はニュースを伝えるという「報道の客観性」と正反対の身ぶりを演じている。トピックスなるもののいかがわしさ、そのチョイスの恣意性をおおっぴらに語りながら、トピックスについてのメタ・ディスクールを楽しんでいるのだ。情報といういかがわしいものとエレガントに戯れてみせ、自他ともにその戯れを楽しむ——それが『パリ便り』の話法であり、芸《アール》である。

要するに、エンターテインメントとしての時評というジャンルがここに生誕したのである。新聞のなかのパサージュである学芸欄にこれほどふさわしい言説はなかったであろう。そして、その美とエレガンスで名高かった金髪のミューズは、こうした戯れのディスクールを弄しうる格好の作家でもあった。デルフィーヌ・ゲイという名に恥じず、もともとが陽気《ゲイ》な性格で、「笑いすぎる」とラマルチーヌを嘆かせたこのミューズは、むしろエンターテインメントというこの陽気な芸にうってつけだったと言えるかもしれない。というのもデルフィーヌはその「退屈嫌い」においても名高い存在だったからだ。「あれほどまでに退屈を恐れたジラルダン夫人」とは、サント＝ブーヴの言である。そのつど新しいものを繰り広げて見せるモードの話法は、裏を返せば退屈との追いかけっこにほかならない。〈退屈〉を殺すために〈新奇〉なニュースをもってくる、つまりはそれが時評という言説の身ぶりである。この意味で『パリ便り』の第一信のトピックスがのっけから「退屈」で始まっているのは興味深い。期せずしてそれが十年以上にわたった『パリ便り』のメタ・メッセージになっているからである。少し長くなるが、『パリ便り』の基調トーンを伝える目的もふくめて引用しておこう。デルフィーヌいやド・ロネー子爵は、一八三六年の初秋のパリの表情をこう伝えている。

ようやくパリはこれからしばらく息を吹きかえす時だ。いつものパリより人びとがあたたかい。倦怠しきった者たちがパリを発ち、退屈した者たちがすっかりいなくなったからだ。いつもより空気も軽やかで、スペースもゆったりしているような気がする。それほどまでに〈退屈した者〉というのは場所をふさぐのだ！　〈退屈した者〉がいるとそれほど辺りの空気が重苦しくなるということなのだ！　なにしろ彼らはため息をつき、あくびをしては、生きた空気をどっさり吸い込んでしまうのだから！　今や〈退屈した者〉はパリを後にし、〈退屈な者〉と一緒に狩りをしている。〈退屈な者〉が〈退屈した者〉を相手に獲物の話をするというわけだ。そして両方そろってパリの悪口を言いあっている。なに、彼らがいないおかげでパリはずっと良い感じになっているというのに。見栄っぱりな彼らのことだから、わざわざパリに狩りの獲物を送ってよこすが、ありがたいことに御本人たちは両方とも田舎にのこってくれている。〈退屈した者〉も〈退屈な者〉も。——ああ、秋はパリにとってなんと良い季節であることか！

こうしてのっけからアンチ退屈で始まる『パリ便り』は、退屈殺しの芸をあっぱれ一二年の長きにわたって続けてゆく。モードさながら時を先駆け、たえざる新奇を繰り広げながら。こうしてフランス初の「流行通信」が生誕したのである。

流行通信

フランス初と言ったが、紙上連載の時評という意味でなら何も『パリ便り』が初めてというわけではない。『パリ便り』は原題《Courrier de Paris》。courrier は通信欄、消息欄の意であり、《Courrier de Paris》は『パリ便り』とも『パリ通信』とも訳せる。訳語はともかく、「通信」や「便り」と題した連載時評というジャンルはすでに二十年ほど前から登場していた。ただし新聞そのものの政治紙的性格をそのまま反映して、こうした時評はなにより政治批評だったのである。「◇◇通信」と言えば政治時評として定着しており、名高いものとしてはC・G・エチエンヌの『パリ便り』(Lettres sur Paris)(一八一八—二〇年)があるし、たとえばシャトーブリアンも『コンセルヴァトゥール』紙で『パリ通信』欄に何度か筆をとっている。こうした「パリ通信」はれっきとした政治ジャンルとして定着していたのである。

ジラルダン夫人の『パリ便り』の画期性はしたがって、こうして定着していた政治時評を一挙に非政治化したことにある。文字通りそれをノンポリ雑報に変え、真偽さだかならぬパリ情報をくりだす「知の遊歩場」に変えたのである。ある日の『便り』は雄弁に語っている。「われらエレガンスとハーモニー党、議論は疲れるし、政治には眠けがさす」と。このノンポリ雑報性が当時の読者にうけた。現代的な意味での情報を求めはじめていた人びとの感性に、『パリ便り』はぴったりフィットしたメディアをさしだしたのである。このヒットは数多くの模倣を生みだした。以後、『シエークル』紙には「パリ評論」が、『タン』紙には「都市便り」が、『コティディエンヌ』紙には「パリ閑談」が連載されてゆく。そのヒットぶりを当の『パリ便り』自身がこう伝えている。「ありとあらゆる新聞がこのコラムをまねしている。ありとあらゆる雑誌に、スリジー子爵だのダルヴァール子爵だのが登場している」。

こうした模倣から生まれた時評のなかでももっとも名高いのがサント゠ブーヴの『月曜閑談』であろう。『月曜閑談』は『パリ便り』以来刷新されたジャンルの申し子である。ただしジャンルの枠は同じでも、サント゠ブーヴはハイアートとマスカルチャーの境界については『パリ便り』と正反対の立場に立っている。サント゠ブーヴにとってテクストは戯れではなかった。メディアの市場で消費される言説をもっとも批判したのがほかならぬかれである。十九世紀はエクリチュールをめぐって高級／通俗の区別を問題にする〈境界の言説〉が現れる時代でもある。ド・ロネー子爵は境界のこちら側、マスカルチャーのなかで売れる言説を、ファディッシュな流行通信をめざした。

政治に代わってこの流行通信に現れるのは、刻々と表情を変えてゆく都市風俗である。論説でもなく、意見でもない、風俗レポート。一八四七年二月の『便り』は、自分の務めを「現在の歴史家」と語り、「時代を映す鏡」と語っている。「選り好みをしない忠実な歴史は時代の鏡であり、鏡は映す像を選ばない」と。鏡のように都市風俗を映しだす流行通信。ただしこの「鏡」のメタファーにだまされてはならない。トピックスの選択はあくまでも恣意的であり、この鏡は最新流行をつくりだす〈仕掛け〉である。現在パリの都でトレンディなもの、ファッショナブルなもの、それを『便り』はアクチュアルな今に浮上させるのだ。事実『便り』はブティック名を固有名詞でとりあげ、その言説の発揮したブランド効果はすさまじかった。後にもふれるが、さまざまな流行品店がド・ロネー子爵詣でに努めたのは文化史上名高いエピソードである。パリ発パリ着『パリ便り』は都市ガイドであり、〈パリ物語〉の発信地だったのだ。物語が先行し、その物語を読者が後から追いかける。都市の言説が読者の欲望をつくりだし、その行動のガイドになったのである。流行通信『パリ便り』はメディア都市の物語化装置だったのだ。

こうして一二年間のあいだ移り行く都市風俗の流行を伝え、文化史上名高いもの、歴史の記憶からこぼれ落ちて現在のわたしたちには思いがけないもの、すべてとりまぜて流行のカタログを繰り広げつつ、歓楽ににぎわうモダン都市の刻々の時の気分を記していったこの『パリ便り』は、さまざまな年代記から最近のアナール派の歴史学にいたるまで、文化史、社会史の本が必ずといっていいほど言及し引用している文献だが、同じ風俗レポートでもルイ＝セバスチャン・メルシエの『タブロー・ド・パリ』と『パリ便り』の差は、『便り』があきらかにメディアの装置として機能しているということだ。なによりトピックスという仕掛けがメルシエにはない。そしてこの両者の差異は、そのまま十八世紀フランスと十九世紀フランスの差異である。十九世紀は新聞の世紀、ジャーナリズムの生誕の時代であり、マス・メディア文化の始源の時代である。

マス・メディア。そしてそれが媒介する流行現象——これが本書のメイン・テーマである。二十世紀も終わろうとしている現代、すべてを呑みつくすまでに肥大化しているメディア文化をその始源にさかのぼって考察してみようというわけだ。題して、「十九世紀の流行通信」。このとき、忘れてならないのは、このメディアと時を同じくして生誕した十九世紀のもうひとつの大流行現象、ロマン主義文学である。事実、彼方の青い花を求めたロマン主義は、実のところ今ここの流行現象だったのではないのか。文学の〈外〉としての流行風俗ではなく、流行風俗というフレームの〈内〉に文学の方を囲いこんでみる。そうすると、十九世紀の文化史はいったいどのようにみえてくるのか——ハイアートをマスカルチャーの側にデコンストラクションし、文学をメディアの側にデコンストラクションして、ただいま機能停止中の〈文学史〉を書き変えてみようという試みである。高級と低俗、純粋芸術と通俗文化、批判的言説と消費のための言説、十九世紀はそれら二つのものが境界を接しながら同時に登場した時代である。しかしその境界線はこれまでの文学史に言われてきたものとはどうやら大いにちがっているのだ。ニュースとミューズ、アクチュアリテと彼方、ジャーナリズムと文学、青い花と今ここ——その相関そのものを流行風俗の側から読み返してみたい。文学史をいったんその外に解体する、その外がほかでもない流行風俗である。作者とそうでない者、作品とそうでないテクスト、署名と匿名、そして性の境界線、それらさまざまな境界線を解体してゆく試みになるだろう。

2

メディアの市場

〈いかがわしさ〉の時代

モードのテクネーそのままに、絶えず新しさを追いかけ、次から次へと新たなトピックスを繰り広げてゆく『パリ便り』——その話法は、典型的な「学芸欄」の話法である。だが、この学芸欄という発明品は、それを囲む大きなフレーム、すなわち新聞そのもののメトニミーにほかならない。情報を〈切り取って並べた〉カタログ、それがほかでもない新聞という商品である。新聞こそ、インダストリーの世紀が生んだ最大の発明品の一つにほかならない。いわゆるロマン主義の時代として知られる時代は同時に近代メディアの生誕の時代でもある。十九世紀の文化史をマスカルチャーの側からとらえ返してみようとするわたしたちは、この近代メディアの生誕のシーンをぜひとも見届けておくべきであろう。そこで登場するのが、ミューズをニュースの場にひきだした『プレス』の仕掛け人、エミール・ド・ジラルダンである。

近代ジャーナリズムの創始者としてのジラルダン、そしてかれの創刊になる『プレス』は、ジャーナリズムの歴史上すでに名高い。『プレス』とともに広範な読者を対象にした大衆紙が生誕し、ここに近代メディアの原型ができあがる。けれども、このとき問題なのは、こうして生誕するジャーナリズムという言説の〈いかがわしさ〉である。学芸欄の『パリ便り』は、ジャーナリズムの言説のいい加減さを大っぴらに口にしてみせる戯れのディスクールであった。だがジラルダンはそのいかがわしさをそっくりひとつのインダストリーに変えたのだ。すなわち、新聞という商品に。ジラルダンとともにわたしたちは情報産業なるものがスキャンダラスに生誕するシーンに立ち会うことになる。

ジャーナリズムの言説のうさん臭さ。「真実」を仮構するその言説の虚構性を、現代のわたしたちはすでに良く知っている。けれども忘れてならないのは、このジャーナリズムと同時代現象であるもうひとつの言説も同じくらい得体の知れないものであったということである。もちろんロマン主義文学のことだ。十九世紀に素性あやしき言説ふたつあり。ジャーナリズムと文学と。文学は、大衆から身をひき離し、「選ばれた少数者」としておのれを特権化する言説であり、「天才」、「霊感」、「栄光」というのがその典型的な記号である。もういっぽうのジャーナリズムは、大衆によって消費され、なにより市場で「売れる」ことをめざす。一見逆の身ぶりによって離反しあうこのふたつの言説は、その実、深いところで〈いかがわしさ〉を共有しあっている。そのふたつに通底するものを一言で言ってしまうなら、それは、〈成り上がり〉ということにつきるであろう。氏素性の知れない者たちがいっせいに名を目指して背伸びをする。十九世紀は、さまざまに名が捏造され、売られ、製造される時代であり、実にいかがわしさに満ち満ちた時代なのだ。

新聞王エミール・ド・ジラルダン

『プリンスと商人』――これはピエール・バルベリスの長大なロマン主義論のタイトルだが、文学者とジャーナリストという一見たがいに他者として離反しあうかに見えるこの二者を、〈プリンス〉と〈商人〉と言いかえてみてもよい。市民王ルイ＝フィリップを戴く王なき王政であるこの時代、すべての者がいっせいに空位の王座を狙う。その同じ身ぶりに発するふたつの言説が文学とジャーナリズムであり、いっぽうが「高貴な」言説によってプリンスの座を夢みるとすれば、他方のジャーナリズムは言説の市場を支配する商人を目指す。このふたつのうち、より倒錯的で欺瞞的なのは文学のほうであるのは言うまでもない。いわゆるロマン主義と称される言説のこの倒錯的な欺瞞性についてはは次章にゆずることにして、いまここで大切なのは、ニュースの〈商人〉ジラルダンを語るにあたり、そこにつきまとういかがわしさが十九世紀という時代の病いであるということである。

わざわざそれを言うのは、ほかでもないジラルダンという男、このインダストリーの申し子が、かれもまた〈ロマン的魂〉という病いを病んだ男だったからだ。一八〇六年、ほとんど十九世紀の幕あきとともに誕生したジラルダンは、二十歳の時に一篇の小説を書き、二つの恋歌《ロマンス》をものしている。戯れに手がけた実に凡庸なロマンスだが、その陳腐な紋切り型がプリンスの病いをあまりにも雄弁に語っている。まずタイトルが言う、「夢を見ていた」と。

不幸な身、僕は夢見ていた
暗い沈黙のなかで

幸福な時を。
僕は栄誉を頼んでいた、
変わらぬものを信じた、
ああ、なんたることか、僕は夢を見ていた。
……
夢を見ていた、夢を見ていた!

この世紀児は、以後、二度と夢を見ない男になる。かれのもうひとつのロマンスの題は、「二度と愛すな」、であった。ロマン的魂は語のあらゆる意味で今ここを否定し、彼方を夢見る。だが、そのロマン的魂を卒業したジラルダンは徹頭徹尾「今ここ」に賭ける男に転身するのだ。今ここで売られ消費される言説の商人に。夢から覚めた男は、計算合理性に徹し、メディアのマーケットを組織する冷徹な合理主義者になる。

メディアの商人

そのロマンスを書いた同じ年、さっそくジラルダンは最初の新聞の創刊にとりかかる。日刊紙『プレス』以前にかれが試みたさまざまな小新聞のうち、この最初の新聞ほどジラルダンという男を語り、当時のジャーナリズムの状況を語っているものはない。一八二八年、七月王政前夜のフランスには大小あわせおよそ一三〇紙ほどの定期刊行物がでまわっていた。伝統ある大手の新聞には、シャトーブリアンが肩入れしていた自由派の『デバ』紙があり、ティエールが陣営に加わっていた『コンスティテュショネル』、王党派の『コティディエンヌ』などがあったが、いずれもフランスの新聞は政治新聞であり論説新聞であった。ジラルダンのアイディアの画期性は、そうした政治性、論説性を避けて、非政治的な情報紙を打ち出したことにある。政治色のない情報と言えばすなわち雑報であり、風俗紹介、劇評、モード等々の記事だが、つまりジラルダンは意見を主張するより、知る楽しみを提供する「読みもの」としての新聞を創案したのである。やがて『パリ便り』がそのメトニミーになるような知の遊歩場がかれの狙いであった。

けれども、そうした雑報は言ってしまえばいずれもみな大同小異の似たようなものであり、極論すればみな同じものである。政治には党派性があり論説には主張があるが、雑報にはそれがない。バルザックのジャーナリズム論『ジャーナリズム博物誌』は、それをこう喝破している。「雑報はどの新聞でもまったく似たりよったりである。各紙から冒頭社説を取り去ってみたらどうなるか。語のまったき意味において、唯一かつ同一の新聞しかなくなってしまう」。ジラルダンはこの状況を逆手に取った戦略に出た。つまりかれはオリジナリティのなさを売りものにし、他紙の記事を寄せ集めたコラージュを商品にしようとしたのである。ジラルダンは、ニュースソースの明らかでない「情報」なるものの正体を逆手にとり、そのいかがわしさをそっくりそのまま商品化しようとし

JOURNAL DES DEBATS,
POLITIQUE ET LITTERAIRE.
ALBUM LITHOGRAPHIQUE,
LA PRESSE
Le Charivari,
LA MODE,
ALBUM DES SALONS.
15 MAI 1834.
LA CARICATURE
MORALE, LITTÉRAIRE ET SCÉNIQUE.
Le Temps,
74 DÉPUTÉS ACTIONNAIRES.
Bulletin politique.

当時の新聞

たのだ。その新聞のタイトルが挑発的にそれを語っている。すなわち、『盗人《ぬすっと》』。当時、ジャーナリズムの世界で他紙の記事の剽窃は日常茶飯のことであった。ジラルダンの新聞は、大胆に公然とそれを謳ったのである。この大胆不敵な小新聞は、冒頭にヴォルテールの引用を掲げて、その挑発性を大っぴらにふりかざした。

エスプリが足らない時は
他人のエスプリが穴埋めをしてくれる
剽窃、剽窃、剽窃さ……

この剽窃新聞はたちまちヒットした。老舗の『デバ』の購読者が一万人あまりの時代、小新聞『盗人』は数週間で二千人以上の購読者を獲得し、その成功にあやかろうと他の模倣紙がどんどん生まれてゆく。他紙の記事を盗んだ『盗人』が今度は他紙に盗まれるわけである。ジラルダンは勝手に盗ませておいた。この『盗人』にかぎらずジラルダンが次々と企ててゆく新聞のいずれにも言えることだが、かれの打ち出す新機軸はつねに模倣者を生んでゆく。それがジラルダンの刷新性の証左であり、その成功であった。つねに時代を先取りするこの刷新者はしかしそれだけに他人の妬みを買い、多くの敵をつくりだしてゆく。

さっそくこの最初の新聞『盗人』で早くもジラルダンは敵の一人から決闘を申しこまれた。むろ

〈ノリとハサミ〉の装置で情報のコラージュをつくる。新聞の切抜き作業。

ん理由は剽窃である。以後ジラルダンは決闘男としても名高い存在になってゆくが、その中でももっとも悪名高くもっとも多くの敵をつくりだしたのが、共和派の『ナショナル』紙の盟主アルマン・カレルとの決闘であろう。不幸なことにジラルダンはその決闘で心ならずもカレルの命を奪ってしまう。その決闘がよびおこしたスキャンダラスな波紋については多くが語られているが、こと剽窃の問題にかぎって言うなら、事態はジラルダンの伝記が次のように語っているとおりだったと言わねばならない。「驚くべきこと、それはこのようなやり口がジラルダンに決闘をさせるほどのものであったということではない。そうではなくて驚くべきは、かれが一度しか決闘を強いられなかったということなのだ。……もし仮に少しでも剽窃があればそのたびに決闘しなければならないとしたら、一八二八年以来のパリの新聞界は何百万回という決闘騒ぎを起こしたにちがい

『ナショナル』の盟主アルマン・カレルとジラルダンの名高い決闘。

ない」。

それほどまでに当時の新聞界で剽窃は大っぴらにまかり通っていた。それというのも先にふれたとおり、論説ではない雑報――すなわち今日的な情報――は、そもそもすべてが大同小異、似たようなものであり、差異はそれをどう切り取って並べるかにしかなかったからである。ジラルダンはその〈ノリとハサミ〉の作業を堂々と装置にし、情報のコラージュを商品にしたのだ。そしてそのコラージュ性にこそ、政治論説新聞を超えて現代に直結するモダンな情報商品の本質がある。ジラルダンは時代に先駆けて情報の産業化を企てたのである。知識の「切り売り」といういかがわしい作業を――しかも当時にして実に前衛的な作業を――そっくりインダストリーにすること、そこにジラルダンの企てがあった。

市場の創造

ということを読者の側から言いなおせば、そこには教養の言説でなく、消費のための言説、読みものとしてのペーパーを求める要求が潜在していたということである。『パリ便り』のヒットが語っているように、すでに都市には多数の目と知の遊民が存在していたのだ。事実、『盗人《ぬすっと》』紙以降、同時期に出回った小新聞をみわたすとき、そこに著しいのはパノラマ的な視覚効果をねらった新聞の多さである。後の『シャリバリ』で有名なフィリポンが創刊したのが『シルエット』。そのうたい文句は「美術、デッサン、風俗、演劇のアルバム」である。あるいはジラルダン自身が『盗人』に次いで創刊する新聞のタイトルが『モード』。そのうたい文句もまた「風俗のギャラリー、サロンのアルバム」である。それから数年後の一八三三年、ロングセラーを誇るイラスト紙『家庭博物館』紙が創刊され、さらに同年、シャルトンが『マガザン・ピトレスク』を創刊するが、そのうたい文句がまた「ピトレスクな百科全書」である。やがて四〇年代の『生理学』ものの大ヒットに通じてゆくパノラマ文学の素地は十分に熟していた。

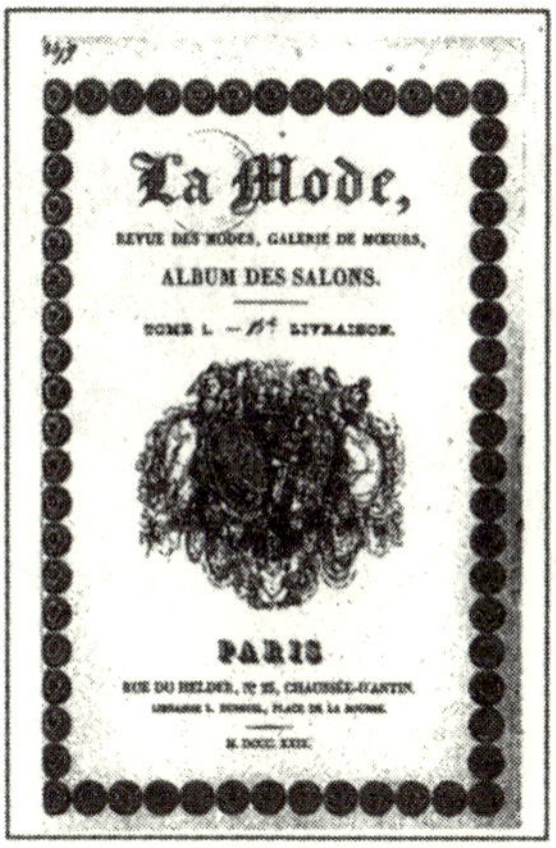

上流人士をターゲットにしたファッショナブル・マガジン『モード』。ジラルダン創刊。

情報の消費者は多数存在していたのである。

けれども、その消費者たちはそのまま購買者というわけではなかった。というのも、当時、印紙税の関係もあって、新聞の価格は高かったのである。新聞はすべて年間購読予約制でバラ売りはなく、大新聞の購読料の平均は年間八〇フランだった。当時の労働者の平均日給が三フラン足らず。新聞を購読するには一月分の給料がとぶ。新聞は贅沢品だったのである。年々増加してゆく人口をかかえながらも、七月王政下のパリの総人口はいまだ百万人に届かず、しかもそのうち字が読めたのは半数にも満たない状況だった。一八三〇年の時点で主な日刊紙の部数はあわせて七万部を超えていない。それでもしかし、新聞は読まれていたのである。図書館や大小の読書クラブ（貸本屋）、カフェや倶楽部などで新聞は多くの読者をもっていた。一紙を何人もで回し読みしていたのである。商人ジラルダンの企ては、この消費者たちを購買者に変え、かれらに新聞を「買わせる」こと、すなわち有効需要をつくりだして新聞の市場《マーケット》を創造することであった。そのためには新聞という商品の価格を下げねばならない。そこで登場するのがジャーナリズム史上名高いジラルダンの広告戦略である。

広告という、これまたインダストリーの世紀の産んだ発明品、その広告とジラルダンは切っても切れない縁で結ばれている。すでに『盗人』の創刊時、かれは大々的な広告作戦を展開した。資金のほとんどを広告費にまわして他紙に『盗人』の宣伝を載せ、さらにブールヴァールで、カフェで、劇場で、チラシを配る。新しい新聞を手がけるたびにかれはこのやり口に訴えた。ジラルダンのこの広告戦略はさらに多くの模倣者を呼んでゆき、新聞と広告は手をたずさえてメディア都市をつくりだしてゆく。たとえば『家庭博物館』はなによりその派手な広告戦略で名高い。今度はチラシだけでなく、街の壁を覆いつくすような巨大なカラーポスターが出現したのだ。ジラルダンのスキャンダラスな新機軸はこうして次々と模倣者をうみだし、やがて広告は産業社会の常識として定着しながら、モダン都市の風景の一部になってゆく。

だが、新聞の市場を創造するための広告は、そうした広告とはまたちがった、もうひとつの、そして決定的なそれであった。ジラルダンが考えたのは、新聞製作のコストを「広告に払わせる」ことだった。つまり紙面を大々的に広告に割いて広告収入をあげることである。こうして一八三六年、第四面をすべて広告にあてた低価格の日刊紙『プレス』が生誕する。購読料は一挙にそれまでの半額の四〇フランに下った。購読者は創刊の半年後に一万人、やがて四〇年代には二万、三万人の大台にのってゆく。当時としては破格のこの部数の伸びは、価格の安さが決定的だが、もうひとつ、紙面の刷新も大きかった。すなわち、『パリ便り』がそのヒット商品であるあの学芸欄の充実である。『パリ便り』とならんでジラルダンはこの学芸欄に連載小説を企画し、高名な作家を登場させる。こうして史上初の本格的な連載小説、バルザックの『老嬢』が生まれ、その後、デュマ、ウジェーヌ・シュー、ラマルチーヌなどの小説が次々とここに連載されてゆく。『プレス』は、消費されるメディアの原型を創造したのである。当時の人びとにとってこの『プレス』がどれほど画期的なものだったか、たとえば伝記はそれを次のように伝えている。『プレス』はひとつの新聞以上のもの

インダストリーの世紀、街にあふれるチラシ広告の嵐
(グランヴィル『別世界』より)

巨大な壁広告が出現する！　保険会社の広告

新聞の読みかたさまざま

風呂場で（上段、右。ドーミエ画）　**床屋で**（上段、左。ドーミエ画）

読書クラブで（下段。『パリの悪魔』より）

だった。それはスペクタクルだった」「この単調な時代のさなか、『プレス』は人びとの予想だにしなかったものだった」。

この『プレス』のアイディアと成功はただちに模倣を生み、ライバルを生んでゆく。最大のライバルは『シエークル』だった。もともとジラルダンと共に『プレス』の共同発行者になるはずだったデュタックはジラルダンと袂を分ち、そっくり同じアイディアで自分の新聞を創刊することを選んだのである。四〇フランという価格も同一なら、広告収入というコンセプトも同じ、しかも創刊日まで同じだった。事前の宣伝競争をきそいあった後、一八三六年七月一日、『プレス』と『シエークル』はパリの街頭で華々しい販売合戦を繰り広げる。部数の伸びは『シエークル』が上回った。『シエークル』はほどなく三万台の部数を獲得してゆく。模倣は『シエークル』にとどまらず、ジラルダンのアイディアはさまざまな新聞に取り入れられてゆく。『デバ』以外の大新聞も次々と広告に紙面を割いて購読料を四〇フランに下げはじめ、連載小説をはじめ学芸欄の充実をはかってゆく。ウジェーヌ・シューがまず『デバ』紙で『パリの秘密』を、次いで『コンスティテュショネル』紙で『さまよえるユダヤ人』を連載し、破格の部数の伸びを記録したのはあまりに有名である。

こうして『プレス』以後、フランスのメディアの市場は飛躍的な増大をとげてゆく。『プレス』以前の三〇年代、主要な日刊紙の数はおよそ二〇、部数はあわせて七万ほどだった。ちなみに同時期、新聞の先進国イギリスでは、ロンドンに出回っていた新聞の総部数がざっと四万、『タイムズ』の部数は一万ほどである。新聞産業は、後発国フランスがイギリスを追い越してしまうのだ。『プレス』創刊から十年後の四六年には、フランスの新聞部数は十四万にふくれあがってゆく。十年間でおよそ二倍の伸びである。製作コストを広告に払わせ、新聞を廉価な商品にするというジラルダンのアイディアは、読者の潜在的な需要を有効需要に変え、メディアの市場を創造したのである。

百年前のフォード

メディアの市場。言説が商品となり、知識の切り売りが行われ、情報のコラージュが人びとに供される時代。言説がその内容ではなく、日々変化するその新しさ（ニュース）によって人びとを魅惑する時代。こうしてにぎわしい都市大衆文化が生誕してゆくその同じ時代はしかし、ほかでもないロマン主義の全盛期である。大衆から身をひき離し、「選ばれた少数者」をめざすその言説は、〈商人〉と〈市場〉を、つまりはインダストリーを卑しきものとみなしてそれに背を向けようとする。新聞の学芸欄を日々にぎわせた新聞小説に、サント＝ブーヴが〈商業文学《インダストリアル》〉という侮蔑的名称を投げつけるのはまさにこの時代である。そしていっぽうでまたこの時代は、サン＝シモン、フーリエからプルードン、ブランキにいたるまで、社会主義あるいはユートピア思想と呼ばれる言説の大々的出現をみた時代でもある。マルクスの『共産党宣言』が出版されるのが一八四八年。『プレス』創刊から十二年後のことである。それらの言説を社会主義と呼ぶかユートピア思想と呼ぶかはここでの問題ではない。問題は、ジラルダンがメディアの市場を創造したこの時代が、同時にまた、今ここに無いものの名において今ここの世界を批判する言説の興隆をみた時代でもあるということだ。ロマン主義もそれらの批判的言説も、いずれも彼方をめざして今ここを超越しようとする。

十九世紀前半を席巻したそれらの言説に比すとき、今ここに徹し、計算合理性に徹したジラルダンの身ぶりは劇的なコントラストをみせている。要するにそれをインダストリーの世紀の生んだ典型的な事業家と呼んでしまえば確かにそうかもしれない。だがこの事業家はそう呼んでしまうにはあまりに特異な位置を占めている。この事業家の思想は――仮にそれを思想と呼べるとして――先駆的であることを超え、十九世紀にありながらすでに二十世紀を先取りしているからだ。その存在に絶えず冒険的企業家に特有のいかがわしさをただよわせ、決闘で名高かったこの男、冷笑家で、めったに笑わず、表情を変えないので有名だったこの男は、大衆消費社会という二十世紀型社会システムを予見し、来たるべきフォード主義を先取りしていたのだ。ようやく労働者が階級としてはじめて歴史上に姿を現したすでにその時代に。

ジラルダンのこの特異性は、同時代の他のジャーナリストと比較してみても鮮やかにうかびあがってくる。七月王政は権力が厳しい言論統制を強いた時代であり、これに対抗して「新聞の自由」のためにジャーナリストが果敢な闘争を挑んだ時代であった。周知のとおり七月革命の口火を切ったのは『ナショナル』紙に結集したジャーナリストたちである。これ以後検閲制度は廃止されるが、新聞の力を恐れた政府は印紙税や保証金制など、さまざまな拘束を課して新聞の口を封じようとした。言論を弾圧する権力と、その弾圧に対抗する新聞と、ルイ＝フィリップ時代はこの二つの力の

権力の言論弾圧と戦う新聞。「出版の自由」。（ドーミエ画）

抗争の時代である。ドーミエの版画で知られるフィリポンの『シャリバリ』は、不屈の共和主義をもって国王ルイ゠フィリップとその取り巻きを風刺し続け、権力を嘲うたくましい民衆の力の表現であった。

こうした権力とジャーナリズムの抗争のなかにあって、むろんジラルダンもまた終始「新聞の自由」を唱え続けたには変わりない。けれども、ジラルダンの論拠はフィリポンたちのそれとは正反対だった。「新聞の自由」を描いたドーミエの有名な版画がまざまざと表しているように、フィリポンら共和派のジャーナリストにとって、新聞は権力に抗する武器であり、表現であり、力であった。ところがジラルダンにとって新聞はそうした意味での力ではなかったのだ。「新聞は無力である。新聞は世論をつくらない。世論に従うのだ」。それが、〈新聞界の帝王〉と呼ばれたジラルダンの終始変わらぬ信念である。つまりかれの考えていた新聞の自由は、「意見の自由」ではなく、むしろ「意見からの自由」であり、主義からの自由だったのだ。政治的主義主張と新聞を分離すること、それが、かれの言う非政治的・非党派的な〈商業新聞〉だったのである。新聞を政治から分離して、市場に離床させること。つまりかれにとってもっとも重要だったのは、新聞の内容より〈商品〉というその形態だったのであり、多様な新聞が競争しながら流通する言説市場の創設こそかれの目指した新聞の自由だった。だからこそジラルダンは模倣者やライバルの存在に少しも恐れを抱かなかったのである。ジラルダンのこのコンセプトは、新聞を「力」だと信じていた他のジャーナリスト、そしてその力を恐れた権力の両者に理解されなかった。かれらとジラルダンはつまりコードがちがっていたのである。ジラルダンのそれはあまりに時代を先取りしすぎていたのだ。

　知識と情報の市場化、あるいは市場をとおしての知の普及。ジラルダンのこの思想をもっとも端的に表しているのが、『プレス』以前に手がけた新聞のひとつ『実用知識ジャーナル』であろう。三二ページの紙面にさまざまな実用知識を盛りこんだそれは、新聞というよりむしろ月刊紙といったほうが適切だが、年間購読料金四フランという破格の安さで発刊されたこの新聞は、創刊後一年で一三万人にのぼる購読者を得た。農作業の改良法や、衛生、住まいの改善など、多方面の専門知識をカタログ化したこの総合情報紙は、「生活向上のすすめ」であり、一種の啓蒙紙であった。けれども、かといってこのジラルダンを啓蒙主義者ということは決してできない。かれはその新聞のある記事で、「資産家と工場主の利益」と題してこう書いている。

> 民衆が裕福であることは国富の源泉であり、民衆の貧困は国富の滅亡である。もし上層階級がこの政治経済的真理に目を開くならば、法によって自分達に付与された特権をもっとすすんで犠牲にするようになるだろうに。労働者にたいする慈悲心によってでなく、少なくともかれら自身の利益のために。（傍点訳者）

何度も繰り返しておかねばならないが、当時は労働者の労働条件が過酷をきわめ、生存を維持することもおぼつかない「飢餓賃金」の時代である。農村から流出してくる労働者たちが過剰人口を形成し、安い労働力として容赦なく使い捨てられてゆく。かれらの労働時間は一日一三時間から一五時間にも及んだ。リヨンでは飢えと酷使に耐えかねた製糸工場の労働者たちが蜂起に立ちあがる。勃興期の資本主義、十九世紀は労働大衆の飢餓と貧困の時代である。その時代にすでにジラルダンは、労働者を「酷使すべき労働力」以外のものとしてみていたのである。つまりかれは労働者のうちに早くも消費大衆をみていたのだ。労働者の生活向上が広範な購買力をうみだし、消費の欲望と能力を育て、ひいては企業自身の繁栄をもたらす——ようやく二十世紀初頭、自動車王ヘンリー・フォードが開拓し、その後の二十世紀型資本主義の根幹をなしてゆく産業システムを、ジラルダンは百年前に考えていた。ユゴーやサンド、ラマルチーヌたちのロマン派作家が労働者の悲惨に心をよせ、ミシュレが民衆を美化した時代、ジラルダンはいっさいの美化とも慈悲心とも異なる観点から労働者の生活向上を考えていた。今ここに徹したこの非情な合理主義者は、一世紀後に到来する大衆消費社会をすでに先取りしていたのである。この〈商人〉は、他者を美化する言説のいかがわしさとエキゾチスムからもっとも遠い存在であった。

伝記はジラルダンをつねに孤独な存在として描いているが、実際、百年後を先取りした思想が当時の人びとに理解されるわけはなかったであろう。妻デルフィーヌのサロンに集うロマン主義者たちともユートピア思想とも無縁だったのは当然として、ジラルダンの考えは、他のジャーナリストからも理解されず、当の『プレス』社で働く労働者たち自身にさえ理解されなかった。しかし雇用主ジラルダンはかれらの無理解にかまわず、かれらにたいして自分のシステムを提唱し、実践し続けた。ペリシエの伝記はそれを次のように語っている。

一八四八年二月、ルイ＝フィリップが王座を追われ、共和派革命政権が樹立された動乱の季節、ジラルダンは以前からこの動きに積極的に加担し、革命政府を支持してはいたが、ルイ＝ブランら急進派の「労働者対策委員会」の無能ぶりにたいしては容赦ない筆で『プレス』紙上に批判を展開していた。この批判が共和派の労働者たち、しかも新聞の製作にたずさわる印刷工や植字工たちの反感を買った。モンマルトル一二三番地、『プレス』の社屋を労働者のデモ隊が取り囲み、ジラルダンに誹謗の声を投げつける。そのとき当の『プレス』で働いていたひとりの植字工ラルシエがこの反ジラルダンのデモにたいして声をあげた。かれは雇用主としてのジラルダン、この企業家の何者たるかをかれなりに理解し、それを世間に知らせたかったのである。

事実、ジラルダンは「知らせる」に足る驚くべき開明的な企業家であった。結局ラルシエはそれを一冊の小冊子にして出版することになる。まずこのジラルダンは、労働者にたいして決まった期日に給料を払うのを一度として忘れたことがなかった。金勘定に細かくケチで知られたジラルダンが、である。そのうえかれは、労働者の団結権も交渉権もなく賃金上昇など問題外だった当時に、みずから率先して賃金のベースアップをはかったこともあった。しかもそれは一時的な恩恵などではなかった。生産性の向上による労働時間の短縮、八時間労働制とそれに内実をあたえるための最低賃金保障制、それがジラルダンの早くからの考えであった。さらにかれは、労働者にたいして「共済貯蓄」を提案し、積み立てによる退職後の年金保障システムを提案していた——あの熱狂のロマン主義の時代、ジラルダンはすでに生命保険を考えていたのだ。〈青い花〉と〈生命保険〉は同時代の産物なのである。

ジラルダンの提案はほかにもあった。たとえば生活物資の共同購入である。だがこれらの提案はいずれも労働者たちの気をひかなかった。労働者がこの雇用主の開明性を理解したのは、印刷機による事故で腕を怪我した者がでたとき、ジラルダンがこれを「労災」として認め——当時そのようなコンセプトがあろうはずがなかったが——治療の間の賃金を払い続けた折りである。だがそれ以上にジラルダンの先駆性を物語るのは、『プレス』社屋をデモ隊が取り囲んだその同じ一八四八年、事件の数ヵ月後に、利潤の分配を提案し実践したことである。ジラルダンはそれを「資本と労働の連合」と呼んでいたが、結果として一年後に労働者たちは三万フランの配当を受け取ることになる。賃金に換算して一二パーセントのベースアップに相当する額である。この度ばかりはラルシエひとりでなく労働者全員が理解した。かれらは、理解と感謝のしるしとして、雇用主ジラルダンに記念メダルを贈呈する。メダルの裏にはこう刻まれていた。

エミール・ド・ジラルダンへ
『プレス』の労働者より
感謝をこめて

それらすべてのジラルダンの行為はしかし、労働者の悲惨への同情でもなければ慈悲でもない。低賃金による労働力の酷使ではなく、高賃金政策によって品質の高い労働力を確保し、生産性の向上をめざすこと――この二十世紀型資本主義のコンセプトを、すでに一世紀早くジラルダンは自分のものにしていたのだ。労働者は同時に消費者であり購買者であり、かれらの生活向上なくして〈市場〉の繁栄はないということ、メディアの市場の創設に賭けた男は、このフォード主義を先取りしていた。

生産性の向上――それを支えるのはテクノロジーである。ジラルダンはつねに最新の印刷技術を追いかけた技術革新の男だった。大量部数を刷る新聞の生死を決するのは印刷機である。印刷スピードが速ければ速いほど入稿が遅くてすみ、それだけホットなニュースを紙面に盛ることができる。ジラルダンはすでに小新聞『盗人』の当初から、当時パリに十数台しかなかった機械印刷機を使わせていた。一八四七年、ジラルダンは、印刷技師マリノーニが『プレス』のために開発した最新の印刷機四台を使って毎時六万部のスピードにまでこぎつけていた。ほぼ二十年後の一八六五年、新たに『リベルテ』紙を手がけたジラルダンは、このマリノーニにさらなる技術開発を依頼する。こうしてジラルダンの要請に応えたマリノーニの工場から、「輪転機」が生まれ、このマリノーニ型輪転機がやがて世界中に出回ってゆくことになる。グーテンベルクの印刷革命以来、最大の印刷革命といってもよい輪転機の出現、その開発を促した男がエミール・ド・ジラルダンである。このメディアの商人は、テクノロジーが世界を変えることを知っていたのだ。大量生産・大量消費のコンセプトと、それを支えるテクノロジーと、その両者においてジラルダンはまさに百年早いフォードであった。剽窃新聞『盗人』から始めて『プレス』に至るまで、一貫してジラルダンは大衆消費社会を先取りし続けたのである。

『実用知識ジャーナル』の時代からかれが終始説き続けた貯蓄銀行の勧めにしても、モノ、ヒトを問わずすべてが共同体から市場に離床し、都市型社会に全面的に包摂されてゆく資本主義の未来を先取りしたコンセプトにほかならない。〈青い花〉より〈生命保険〉――ロマン的魂を卒業して市場の組織化に賭けたこの男によって二十世紀大衆消費社会はすでに予告されていたというべきであろう。生命を保険に入れた安全地帯のなかで青い花のガジェット商品を消費する、ありていに言っ

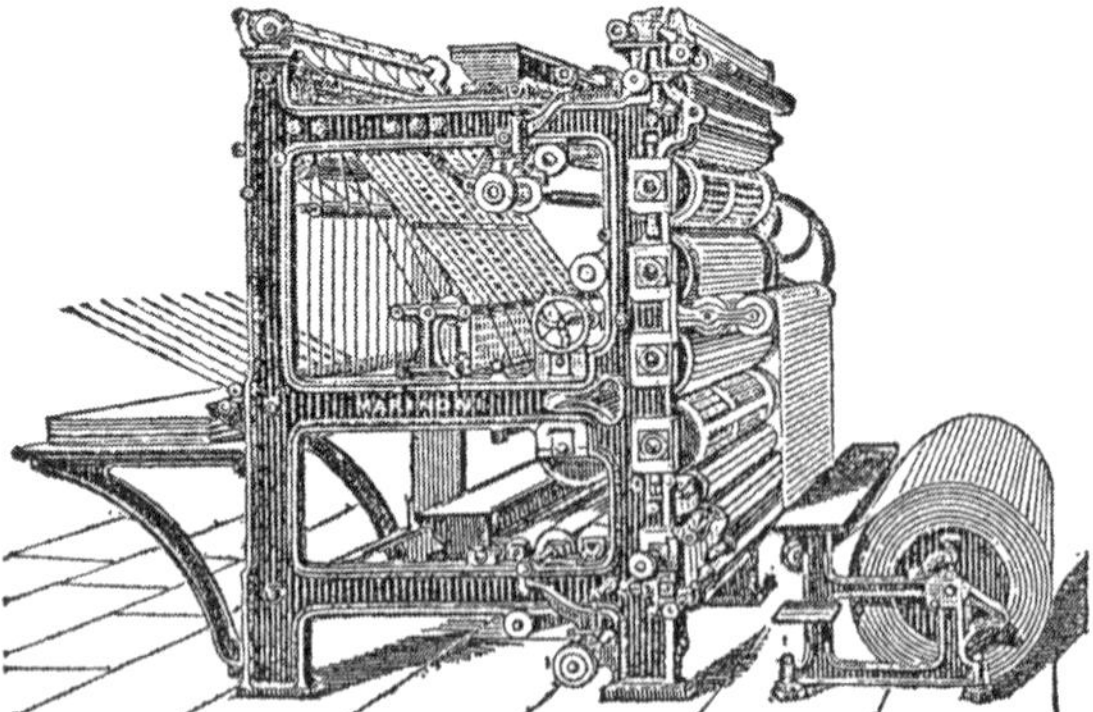

街頭で新聞を売る。（上段、右）

大量生産される産業製品「新聞」。ジラルダンのメディア工場のカリカチュア。（上段、左）

ジラルダンの要請をうけて 1874 年にマリノーニが開発した輪転機モデル。このマリノーニ型が改良を重ねながら世界中に広がってゆく。（下段）

てそれが究極の大衆消費社会の構図ではなかろうか。

こうしてみれば、ジラルダンという商人に生涯つきまとったいかがわしさはパラドキシカルなものだと結論せざるをえない。剽窃から始まって、そのコマーシャル戦略といい、景品作戦といい――というのもジラルダンの『実用知識ジャーナル』は購読者に景品をつけたので有名だからだが――広告収入のアイディアといい、そのたびごとにスキャンダラスに人びとを驚かしたかれのアイディアは、あまりの先駆性によって物議をかもしたのであって、その先駆性をのぞけば、かれのアイディアじたいはなんらいかがわしいものではない。事実、かれの企てはことごとくが二十世紀のマス・メディアによって大々的に実現し、常態と化している。ものみなすべてが市場に浮遊して流通するのは、高度消費社会の現代の見慣れた日常の風景である。

空虚の装置

けれども、ジラルダンの創始した〈メディアの市場〉はそれでもやはり限りなくいかがわしい。その市場で売られる商品がモノではなく言説だからである。その言説はしかも、もともと語るべきオリジナルな内容をもたず、語るために語る言説なのだ。ジラルダンの最初の新聞の〈剽窃〉の身ぶりは、商業ジャーナリズムの本質をあっけなく露呈してみせたそのメタ言語だといえる。何でもよい、あたりに流通している物語を手当たりしだいに引用し、寄せ集めること、そして、その物語を事実の名においてさしだすこと。その事実がはたして真実であるのかどうか、真偽のほどは問題ではない。要はその物語がスキャンダル効果を発揮して面白いものであればよいのだ。政治家、文人、有名人、なんらかの権威をまとっている人物を三面記事の低みに引きずりおろして価値の貶価をはかる。王権や貴族の権威は新聞紙面という平面ですべて等価にならぶ。この価値転覆の快楽こそ大衆にもっともフィットする商品である。ジャーナリズムとはつまりはこの快楽商品の発明なのだ。

すべてのものがスキャンダルの地平で等価にならぶ「紙面」という装置。近代ジャーナリズムはこうした装置として生誕した。それが社会を批判する言説としてそれじたい一定の権威性を帯びてゆくのは、それから後の歴史である。言論の府、真実の報道――やがてジャーナリズムはこれらの物語に支えられてひとつの批判的言説になってゆく。けれども、その生誕の地平から見るかぎり、近代ジャーナリズムは明らかにスキャンダルの商品化として発足したのだ。重要なのは紙面に盛りこまれた言説の主張ではなく、むしろその言説の空洞化なのである。ジラルダンがたえず「新聞の無力」を説きつづけたのはそれ以外に理由はない。言説の無内容性、それがメディアとしての新聞のもつ最大の「力」なのである。

ジャーナリズムの言説は語るべき内容をもっていない。それは、語る内容によってではなく、ひたすら語るという行為によってのみ支えられている言説である。絶えまなく言説を流通させ消費させること、それ以外にジャーナリズムというインダストリーの存在意味はない。ジラルダンが編集以上に印刷を大切にしたのも同じことであろう。かれは言ったものだ、「編集がなくても、そこそこの新聞はできる。だが、印刷機なくして新聞はできない」と。商業ジャーナリズムはその生誕の当初からこの奇妙な空虚性によって支えられており、紙面とは、言ってみれば、いわば中身のない空虚な箱である。この空虚な箱を満たすべく、たえずトピックスを製造し、物語を製造しなければならない。ジャーナリズムはこの徹底的な空虚性によって、逆説的にありとあらゆるものの製造装置となる。語るべき内容をもたない「無力な」言説は、その無力性によって、事実を製造する権力となるのだ。政治論説新聞から商業新聞へ――ジラルダンの果たしたこの転換は、言うべき内容のある言説から空虚な言説への転換と要約できるだろう。政府の意見を伝える権力の言説は、あるいはそれに対抗する反権力の言説を問わず、主張すべき内容をもった言説がまさにその内容によって自己を限定するのにたいし、言うべき内容をもたない空虚な言説はまさにその空虚さによって無際限の力をもつ。その無際限な力をもつ装置をジラルダンの商業新聞は創始したのである。

多紙を操る新聞王ジラルダンのカリカチュア

ここに起きた転換は、フーコーが『監獄の誕生』で語っているあの交差配列法《キアスム》を想起させずにはいない。残酷な刑罰の廃止をめぐって啓蒙主義の言説が熱っぽい論争を闘わせているのを尻目に、それらの言説とはまったく無関係なひとつの技術的装置が誕生し、その装置の発揮する効果が啓蒙の言説すべての無効性を宣告してこれを葬り去ってしまう。同じように、商業新聞の空虚な紙面は、あらゆる言説の主張内容をすべて相対化しパノラマ化することによって言説からその力を奪う。空虚の装置が言説の力を凌駕するのである。商業新聞はその無内容性によってどのような内容〔オリジナリティ〕をもしのぐ権力になるのだ。

語るべき内容がない以上、重要なのはただひたすら語ること、紙面にたえず言説を流通させることである。こうしてあらゆるモノ、ヒト、言説が、トピックスとしてメディアの市場にのせられることになる。どう語られるかでなく、語られることそれじたい、流通度が価値の尺度となる。ジャーナリズムは流通商品の製造装置となるのだ。すべてを言説市場に流通させるこの装置は、モノを売り、事件を売り、そしてとりわけ名を売る。ルイ＝フィリップという王なき王政のもと、〈成り上がり〉の群れに満ちたこの時代、生誕したばかりのこの装置がどれほどの権力をふるったか、たとえば『パリ便り』はそれをこう語っている。

そもそもからして臣下を有するのは王ではない。臣下を有するのは王国であり、そして王国は王座になどありはしない。とはいえ、諸君、心配御無用、フランスにはあいかわらず権力があり、権力におもねる追従者たちがいる。そしてかれら追従者は決して誤またない本能をそなえているから、権力がどこにあるか良くわきまえている。かれらは権力がその場を変えたことを知っているのだ。だからこそかれらはもうずいぶん前から時の神にオマージュを捧げてきたの

モンマルトルの新聞街にあるプレス社。刷りあがった新聞の配送にかかる頃。

だ。名声をあたえる神、徳をたたえる神、天才をつくりだす神、変節に報いる神、人気を売る神、ジャーナリズムに！

（……）

ジャーナリズムよ！

これぞ諸君の王であり、諸君は全員その臣下なのだ。

すべてをその内容でなく流通度で力にするこの装置は、とりわけ名を製造し、その流通を支配する。王座に代わって人気という権力が生誕したこの時代、ジャーナリズムは名の製造装置として力をふるう。

〈パリで名を成すのはとてもむずかしい〉と人は言う！　嘘をつけ！　今どきこれほどたやすいものはない。名は毎朝のように現れ、敵対しあう百の新聞、ライバル同士の二十の雑誌、何も言うことのないそれらの新聞雑誌に毎週ごとに名が印刷されている……。

つくられる名と夢みられる名、栄光、名声、人気。いっぽうで夢と彼方を志向するロマン的魂の生誕をみ、同時に今ここで売れる〈名の市場〉が生誕した十九世紀、名の問題と〈いかがわしさ〉は錯綜した状況を織り成しながら現代に至っている。ジラルダンの予見した大衆消費社会はことごとくが実現をみ、メディアは社会の全域をおおう装置にまで肥大化して都市の疑似環境になってしまっている。けれども、生誕の当初、「今ここ」に流通する空虚な言説の対極には「彼方」をめざす言説が存在していた。商人に背を向ける〈プリンス〉の言説が。商人と同時代人であるそれらプリンスたちの行方はいったいどうなったのか。ジャーナリズムが空虚な言説であるとすれば、青い花を求めたロマン主義の言説ははたして充実した言説だったのだろうか。それらには「言うべきこと」があり、オリジナルな内容をもっていたのか。今ここがすべてを覆って彼方を呑みつくし、〈大衆〉がプリンスにとって代わった現在、ロマン主義はアナクロニズムとして歴史の中に置き去りにされるべき存在なのだろうか。ここにもまた商人とプリンスの交差配列法があるのか？　そして、その両者にかかわっていたいかがわしさとは？

名の製造装置のかたわらで別の名を夢見ていたロマン主義文学にたち帰らなければならない。

3

名の物語

——「ロマン的魂」虎の巻 I

もうひとりのエミール

新聞がメディアの市場をにぎわした十九世紀、日々消費されては消えてゆくエフェメラの言説のかたわらで、小説というもうひとつの言説が生産される。〈商人〉のかたわらには、栄光を夢みる〈作家〉たちがいる。

メディアの商人エミール・ド・ジラルダンは青年時代に一篇の小説を書いている。「夢を見ていた」というかれの陳腐な恋歌《ロマンス》は、その陳腐なまでの典型性によって、かれもまた若き日にロマン的魂をもっていたことを語っていた。実際このエミールは、ロマン主義を卒業して商人になったのだ。ジャーナリズムとロマン主義文学が同時代現象として生誕したこの時代、ジラルダンひとりの生涯にその二つが重なりあっている。ジラルダンの青年時代がわたしたちの興味をそそるのは、いわゆる伝記的興味からではなく、いわばそれが商人とプリンスの——企業家と作家の——メタ物語になっているからである。家族小説（ファミリー・ロマンス）であり〈名の物語〉でもあるその物語は、まわりめぐってロマン的魂なるもののいかがわしさを語りだす。

その物語はまず、「捨て子」物語である。一八〇六年、パリに生まれたエミールは、『エミール』の作者ルソーと同じように、両親の愛を知らずに育った捨て子だった。エミール・ドラモットというのがとりあえずこの捨て子にあたえられた戸籍名である。けれどもかれエミールはこの戸籍簿に抗って、自分の本当の名、父の名を求めた。というのもエミールは実は貴族の私生児だったからである。父はアレクサンドル・ド・ジラルダン伯爵。帝政下の将軍で、王政復古時代には宮廷の狩猟長という顕職の地位にあった。私生児エミールは、父にたいして認知を迫り、ド・ジラルダンという貴族の名の権利を迫るが、うけいれられない。父に認知されず、孤独のうちに放逐された無名の青年の苦悩。典型的にロマン派的なこのテーマを、エミールはこれまた典型的にロマン派的な告白小説に書きつづる。それは、「家族も財産もない身に生まれた」青年の苦悩の告白であり、その生まれの不幸に異議を申し立て、高貴な地位と名声を夢みるロマン的魂の告白である。その告白は、みずからを次のように語っている。

語るに足る興味ある人物、それは、わたしのように家族も財産もなく生まれ、それでいてその個性の力によってそのような地位を超えるにちがいない人物でしょう。……この男は、誰にもたよらず己れ一個の力で、高い地位に到達するすべを知っているにちがいありません。人びとの目をかれにひきつけ、そうして遺棄の運命に復讐するに足るほど高い地位に。

青年時代のジラルダン

サント゠ブーヴから「『ルネ』の末裔」と評されたこの告白小

説を、二十一歳のエミールはずばり『エミール』と題して出版した。事実、かれの祖父は晩年のルソーに最後のすみかを提供した人物であり、エミールという洗礼名は実はそこからきている。青年エミールの小説出版のいきさつを語る伝記作者がその一章を「名の征服」と題しているとおり、若きエミールにとってそれは社会への挑戦であり、とりわけ父への、その名の権利への要求であった。以後、エミール・ドラモットは父の意志とかかわりなく、勝手にエミール・ド・ジラルダンと名乗ることになる。

それは、小説というより、ひとつの行為であり、「名の簒奪」であったのだ。この出版によってかれは文学的評価以上に、そのスキャンダラスな挑戦によって世に出てゆく。この私生児は、戸籍簿と闘い、父に逆らって〈プリンス〉の名を要求したのである。小説の主人公は両親に捨てられた孤独と絶望によって狂気のうちに死ぬ。だが作者のエミールはそのようなロマン的感傷を卒業してしまう。自分の力によって〈成り上がる〉こと。以後、エミール・ド・ジラルダンはこの野心の企てを隠すことなく進んでゆく。ひとたびプリンスの名を得れば、もはや夢の世界にそれ以上とどまる必要はない。『エミール』の再版がでた翌年、早くもかれは最初の新聞に――剽窃新聞に――取りかかる。そのジラルダンをサント゠ブーヴはこう語っている。

いっぽうのエミール――つまり小説中のエミール――は、絶望のうちに死ぬ。だがもうひとりのエミール、以後われわれがかかわってゆくことになるエミールは、この試練をくぐりぬけてゆく。このエミールは、小説とは逆に、果敢に意を決した男、筋金入りの、大胆な男となり、社会をひたと見すえつつ、自分がその社会に入ってゆく確信をもっている。たとえそれが襲撃であろうと意に介さず、かならずや障壁を打ちくだき、障害に打ち勝つ決意を固めて。

捨て子であり、私生児であるといういかがわしい素性。そしてそれゆえの激しい出世欲。高貴な名をめざす征服欲。ジラルダン物語を構成するこうした諸要素は、ことごとく〈ロマン的魂〉の物語と重なりあう。ただし決定的な一線がその二つを分けへだてている。ジラルダンの名の征服は、あからさまにスキャンダル効果をねらった行動だった。『エミール』の出版は、父にたいする一種の脅迫行為だったのである。かれは貴族の高みを夢見るのではなく、逆に貴族の父をスキャンダルという低みにひきずりおろしたのである。かれの小説出版は、その後かれが創案してゆく新聞というスキャンダル装置を予告している。ジラルダンはいかがわしさを隠すことなくそっくりそれをひとつのインダストリーに変えてゆくのだ。これにたいし、ロマン的魂は自己のいかがわしさを二重に隠蔽し、自他にたいして「嘘」をつく。ジラルダンとちがって、ロマン的魂はいつまでも夢の世界にとどまるのである。というよりむしろ夢によって嘘を言いくるめるのだといってもよい。世界を〈青い花〉に変えるロマン主義の思考の特性を「魔術《マジック》」というなら、十九世紀はこの魔術《マジック》が大いに流行した時代なのである。

捏造される名

ロマン主義のマジックは、まず戸籍を捏造することである。オノレ・ド・バルザック、ジェラール・ド・ネルヴァル。いずれにあっても、高貴な身分を表すその「ド」という小辞は、ありもしない架空のものである。バルザックはオノレ・バルザックだし、ネルヴァルはジェラール・ラブリュニーにすぎない。にもかかわらず、かれらはプリンスの名を騙ろうとする。戸籍簿との競争——バルザックは自分の創造する小説世界を指してそう言ったのだが、小説以前に、文字どおりかれらは自分自身の戸籍を書きかえ、捏造するのである。現実にあてがわれた平民の父の名を否認して、高貴な名を勝ち得ること。つまりは父以上に成り上がること。よく言われるロマン派の「彼方」への夢は、なによりまず今ここにある現実の自己の否認であり、成り上がろうとする身ぶりなのだ。小説というフィクションとともにかれら作家たちはみずからの名を仮構するのである。

ロマン主義という成り上がり。フロイトの「家族小説《ファミリー・ロマンス》」をコードにして小説世界を読み解くマルト・ロベールのロマン主義論『起源の小説と小説の起源』は、〈市場〉というもうひとつのテクストの外を見ようとしない限界はあるにしろ、ロマン主義をそのテクストの内容によってではなく、テクストの手前にある生の欲望の次元でとらえる視点によってわたしたちの関心ときり結ぶ。テクストの内容ではなく、テクストを書く＝生産するという行為そのもの、作家たちのいかがわしさは

バルザック（右、ナダール画）

ロマン派文学者の肖像漫画（『フランス人の自画像』1841年より。グランヴィル画）　偉そうに構え、台座に乗って自己を神格化し、世辞に酔いしれて、あたかも輝く後光に包まれたかのように自分の作品で身を飾り立てている。（左）

さしあたってそこにかかわっているからである。

陳腐に言いふるされているようにロマン派作家たちは「霊感」によって書いたのでもなければ、無償の夢として彼方を指向したのでもない。ロマン主義という現象はブルジョワジーの世紀にふさわしい世俗的な欲望の現象であり、さらに言うならひとつの風俗現象なのだ。いっぽうにジャーナリズムというういかがわしい言説があり、他方に文学という高貴な言説があるのではないのである。自分たちを「選ばれた少数者」として仮構する作家たちの〈嘘〉を洗いだしてみなければならない。マルト・ロベールのファミリー・ロマンスという装置は、その嘘の解剖に有効である。

作家たちの嘘はまず自分を「捨て子」だと想像することから始まる。かれらは今ここにある現実の家系を否定して、彼方にある高貴な家系につながる自己を夢みるのだ。架空の家系をこしらえあげるのである。要するにかれらは「地上における自分の生に耐えることができないために、天上において自分の生を書き直す」のであり、「凡庸な自己の運命をみずから慰めるために、純粋に精神的な王権を勝手に自分で作りあげる」のである。

我は冥き者、妻なき者、慰めなき者
朽ちはてた城に住まうアキタニアのプリンス

こう語るネルヴァルがこの捨て子の典型であろう。かれが求めてやまなかったそのアキタニアの地は、地上の「どこにもない王国」である。

こうして地上の家族を否定し、どこにもない王国に彷徨するのがひとつのロマン派であるとすれば、もうひとつのロマン派は、父の否認からさらにすすんで父の権力を簒奪するエディプスとなり、より能産的な「私生児」となる。要は父になり代わって自己の王国の建設者となり、父より先に進むことなのだ。凡庸な父の運命を超えて王座につくことなのである。このとき彼方は夢みられるものである以上に、自分の力によって征服すべき目標となる。ド・バルザックという名の捏造はこうした私生児の身ぶり以外のなにものでもない。バルザックは「言うべきこと」があったから書いたわけではなく、書くという行為以前に成り上がるという欲望が先行しているのである。家族たちがすすめる堅実な職業を斥け、無から出発して自分だけの力で「富と名声」の征服に乗り出したかれは、書くべきテーマも形式も定まらないままにペンを握り屋根裏部屋で数年間を過ごす。そこで確かなのはとほうもない野心だけである。「今日、〈社会〉はすべての少年を同じ饗宴にさし招いて、すでに人生の門出にあるときからかれらの野心をめざめさせる」。たとえば『幻滅』というひとつのテクストに書かれたこの文は、バルザックのすべてのテクストに先行するプレ・テクストといってもよい。平民である父を超えて自分たちの王国を建設すること。そのことによって平民の身に生まれたというスキャンダルを乗り超えること。書くことはそのための手段であり、プレテクストにすぎない。〈企み＝事業によって出世する〉こと、それがロマン的魂の企てなのであり、まさにそれはインダストリーの世紀にふさわしい身ぶりと言わねばならない。

チエ、ラマルチーヌ、ウジェーヌ・シュー、デュマ、バルザック、ヴィニーなど。

実際にジャーナリズムという事業に乗り出したジラルダンとロマン派作家とは実は同じ欲望を共有している。ジラルダンが実際に捨て子であり私生児であったのにたいし、想像によって捨て子になり私生児になったネルヴァルやバルザックのほうがはるかに嘘が深いと言わなければならない。しかもその嘘は、「霊感」や「才能」という記号によってみずからを卑しい〈商人〉から隔てようとするもうひとつの物語によって二重に隠蔽されている。こうして名を捏造しつつみずからをプリンスとして特権化し、しかもその特権化をありもしない霊感物語によって正当化する小説家たちは、商人より二重にいかがわしい存在だと言うべきであろう。ジャーナリズムがその製造するテクストをあからさまに商品として市場にさしだし、みずからをインダストリーとして公言するのにたいし、小説家たちはみずからの生産するテクストをインダストリーからもっとも遠くにあるものとして特権化し、幻想化する。たとえば「芸術のための芸術」というのがそうした幻想の典型的な言説だ。けれども小説というテクストの生産は、まぎれもなくひとつの事業であり、成り上がるための企てにほかならない。エ

「栄光への大道」ルーボーによるロマン派作家たちのカリカチュア（1841年）
先頭を率いるユゴーは「醜、それは美だ」という旗をかざしている。左から、ゴー

クリチュールとはすぐれてブルジョワジーの事業であり企てなのである。その小説の身元（アイデンティティ）確認のためには、〈起源の小説〉についてみるのがいちばんであろう。

エクリチュールの仕事場

マルト・ロベールの言う起源の小説とは『ロビンソン・クルーソー』である。十八世紀イギリス産業社会の勃興とともに生誕したこの小説は、ブルジョワ生まれという小説の身元＝起源《オリジン》をあからさまに語りだす。ロマン主義の先進国イギリス——文学史上に言いふるされているこの〈常識〉を、わたしたちはもっと再考する必要がありはしないか。イギリスで栄え流行した風俗、事業が、ほぼ一世紀おくれてフランスに上陸する。ロンドンとパリという二都の流行風俗をテクストの外として考える発想がもっとでてきてしかるべきであろう。ちなみにジラルダンの新聞のアイディアはすべてがイギリスの模倣であり、『プレス』は『タイムズ』の模倣である。フランス・ロマン主義もまたその起源はイギリスにあり、そしてその起源《オリジン》は小説の出自《オリジン》にかかわっている。

事実、ホモ・エコノミクスの小説として名高い『ロビンソン・クルーソーの生涯と驚くべき冒険』は、なによりまず「家族小説」の典型である。十八歳の青年ロビンソンは、生業を継げという父の勧めに背を向けて冒険の旅に乗り出す。かれをつき動かしているのは、「一足とびに出世しようという無謀でせっかちな欲望」であり、立身出世を遂げたいという執念である。「私はいつも父の家にたいしていいわく言いがたい嫌悪を覚えていた……」。そうして父を否認した後、波乱の果てにかれの見いだす無人島は、「誰の息子でもない」という夢の土地であり、そこでかれは「まったく純粋に自分で自分を産み出し」、自分だけの王国を築きあげる。「全領土がじつに私自身のものだった。したがって絶対的な支配権が私にあった。私は専制君主であり、また立法者であった」。

ロビンソンはこの世界征服をたゆまぬ勤労（インダストリー）によって為しとげる。工作から農耕まで、勃興したブルジョワジーの生産労働のことごとくが『ロビンソン・クルーソー』のページを満たしているのは周知のとおり。けれどもこの生産労働はまた、エクリチュールのそれでもある。島にたどり着いて落ち着くと、さっそくロビンソンは紙とインクを取り出して日記をつけはじめる。その無人島は、白いページであり、ロビンソンは白紙というその非＝場所に虚構の世界＝テクストを築いてゆくのだ。こうして築きあげられた世界は、エクリチュールという労働によって製造された世界であり、ロビンソンはその虚構の世界の生産者であり作者である。ミシェル・ド・セルトーが言うように、その無人島は「エクリチュールの仕事場」なのであり、ロビンソンは書くことによっ

『ロビンソン・クルーソー』は七月王政時代のベストセラーのひとつだった。ガヴァルニやグランヴィルの挿絵入りのイラスト版も出版される。上図はグランヴィルによるイラスト版（1840 年）の扉絵。夢の〈島〉の征服者ロビンソンを描いている。――全領土がじつに私自身のものだった。（…）私は専制君主であり、また立法者であった。

て成り上がるのである。『ロビンソン・クルーソー』はこの意味でエクリチュールについての小説であり、小説についての小説なのだ。

父を否認し、書くことによって父を超え、無から成り上がること。彼方とは、テクストが指向する場所である以上に、テクストがそこから出発する非＝場所であり、テクストの生産の条件にほかならない。こうして『ロビンソン・クルーソー』という起源の小説は、小説の起源＝出自をあかす。書くという労働によって成り上がること。マルト・ロベールが言うように、小説は「生まれの劣等性を前にした個人の根源的な不満に結びついており」、その個人が自分の力によって出世しうる社会にはじめて出現する。「小説というジャンルは本質的に企業の自由というイデオロギーにもとづいている」のであり、正統性も系譜も持たず、それまでの文学のいかなる形式にも拘束されないジャンルとして生誕する小説は、それじたい文学史上の〈私生児〉なのだ。

小説というジャンルじたいのいかがわしい出自《オリジン》をあからさまに語るデフォーのこの作品は、イギリスの新興ブルジョワジーによって圧倒的な支持を得るが、そのイギリスから遅れることほぼ一世紀、フランスではナポレオンとともに私生児の世紀が到来する。無から成り上がって皇帝の座についたこの〈私生児〉の生涯はそのまま生きた小説であり、この特権的記号がロマン的魂の生産装置となる。ナポレオンは青年たちに自分たちの〈島〉を夢みさせ、白いページの可能性をさしだすのだ。名を捏造し、家系を書きかえ、書くという労働によって父より先に進むこと。テクストに先行するこの欲望こそロマン的魂というべきであり、再びマルト・ロベールのことばを借りれば、ナポレオンはおびただしい「潜在的小説家」の群れを生み出したのである。

いわゆるロマン主義という現象は、なによりまずテクストの内容のレベルではなく、この生の欲望のレベルに在る。かれらにとって、書くことへの欲望は、「自分の人生の〈家族小説〉を成就したい」という欲望にほかならないのだ。先行するのは〈ナポレオン物語〉であって、ロマン主義作家たちはそのナポレオン物語を模倣するのである。ただしかれらの武器は剣ではなく、ペンであり、書くという労働である。「われナポレオンが剣にてなせることをペンにてなさん」。書斎にこの銘をかかげたバルザックは、みずからナポレオン物語を生きつつ、自分の書く主人公にもそっくり同じ物語を生きさせる。リュシアンというなりそこないの小説家、「潜在的小説家」の野心を駆りたてるのはナポレオンである。「リュシアンは、出世のための打算を自責して、思い切ろうとしていた。そのとき、リュシアンの心にナポレオンの範が浮かびあがった。多くの凡庸な人間に自負の念をふきこみ、十九世紀にとって運命的なものとなったあのナポレオンの姿が」(『幻滅』)。頻繁に馬車が往来する通りで人目にさらされている薬屋の父の店の看板にいいしれぬ恥辱を感じているこの少年は、作者と同じように、早晩ド・リュバンプレという高貴な名を捏造することだろう。

こうしてフランス・ロマン派は、ナポレオン物語とともに始まるが、そこで問題なのは、テクストの内容以前にテクストの生産の条件にすぎず、文学以前に生の欲望のレベルである問題――したがって大きく言って風俗現象であるもの――が、やがて〈文学物語〉を生み出すことによって、文学とそれ以外のものの間に幻想的な境界線を引いてゆくということである。そのもうひとつの物語

のなかには、先頭にヴィニー（五回落選）、中央に「ノートルダム」を冠したユゴーとその崇拝者たち、アカデミーに背を向けたデュマ、右端に「三十女たち」の人気に支えられたバルザック（一度もアカデミー入りせず）、バルザック愛用の巨大なステッキを捧げ持つネルヴァルが見える。

「アカデミーの殿堂をめざす大レース」（グランヴィル画）
ユゴーは四たびアカデミーに立候補し、1841 年、五度目の挑戦でようやくアカデミー入りを果たす。それほど制度としてのアカデミーはロマン派に対して門戸を閉ざしていた。アカデミーの栄光をめざすロマン派作家のカリカチュア

は、書くという労働とそれ以外の労働のあいだに本来あるはずのない幻想的な差異をもうけ、いたずらに文学を特権化する。その物語によって、文学というエクリチュールがジャーナリズムをふくむ他のいっさいのテクストの生産から区別されることになるのだ。

周知のとおり、イギリスの小説家デフォーは同時にジャーナリストであり、『ロビンソン・クルーソー』が新聞記事からヒントを得て書かれた小説であることは名高い。デフォーの小説は、文学／ジャーナリズムという幻想的対立をうみださず、むしろあからさまに文学とインダストリー《インダストリー》の親近性を語っているが、対照的に、フランスに上陸したロマン主義は〈文学物語〉とともに始まって、みずからの出自を隠蔽してゆく。「霊感」や「天才」という語彙によって語り紡がれるその文学物語こそ、狭義のロマン主義といってよい。

狭義のというのは、二つの意味でである。ひとつはこの文学物語の誕生がシャトーブリアンやラマルチーヌなどの貴族作家以降の現象であり、ユゴーの出現を待って始まるということ。もうひとつは、この文学物語が読者大衆よりむしろ作家自身にかかわる物語であるということだ。読者のほうは文学の特権化とかかわりなく、あからさまな成り上がりストーリーを愛読していた。いまここにマーティン・ライアンの『書物の制覇』という本が十九世紀のベストセラーを報告しているが、「十九世紀フランスにおける読書の社会史」という副題をもつライアンのその著によれば、七月王政下のフランスでデフォーの『ロビンソン・クルーソー』は圧倒的な人気を博している。一八二六―三〇年の記録で、『ロビンソン・クルーソー』はシャトーブリアン『キリスト教精髄』やウォルター・

スコットのおよそ二倍、一八三一―三五年の記録で、ユゴー『ノートルダーム・ド・パリ』のほぼ倍にのぼる部数を記録しており、四〇年代に入るまで、つねにベストテンに近い順位を占めている。このライアンの報告ひとつを参考にしても、小説のいかがわしさを栄光に転化し、成り上がるという欲望を〈天才〉という記号で「選ばれた少数者」に転化する文学物語は、読者一般よりむしろ作家自身の生きた場、書き手たちにかかわる物語ということがわかる。

記号としてのユゴー

結論から言ってしまえば、この文学物語のヒーローはヴィクトール・ユゴーである。フランス・ロマン派はナポレオン物語に端を発し、そうであるかぎりなお生の次元にあったものが、ユゴーという文学者の出現をもって文学的栄光の物語ができあがり、多くの「潜在的小説家」たちの欲望を煽りたてたのだ。ユゴーによってロマン派は中世を発見し、「美と醜の対照」という美学を発見する――それがいわゆる文学史に言いふるされた定説だが、ユゴーは、そのテクストの内容以上に、その存在によって熱狂的な崇拝者と模倣者をうみだした。この「崇高な少年」は、その出現じたいがサブライムだったのである。天才と霊感という語彙がかれの物語をかたちづくる。物語化というのは、テクストとして読まれるより、その名が抽象的な記号となって流通し、人びとの欲望を組織化するということだが、たとえば、「第二の崇高な少年」たらんとしてパリにのぼる「潜在的小説家」

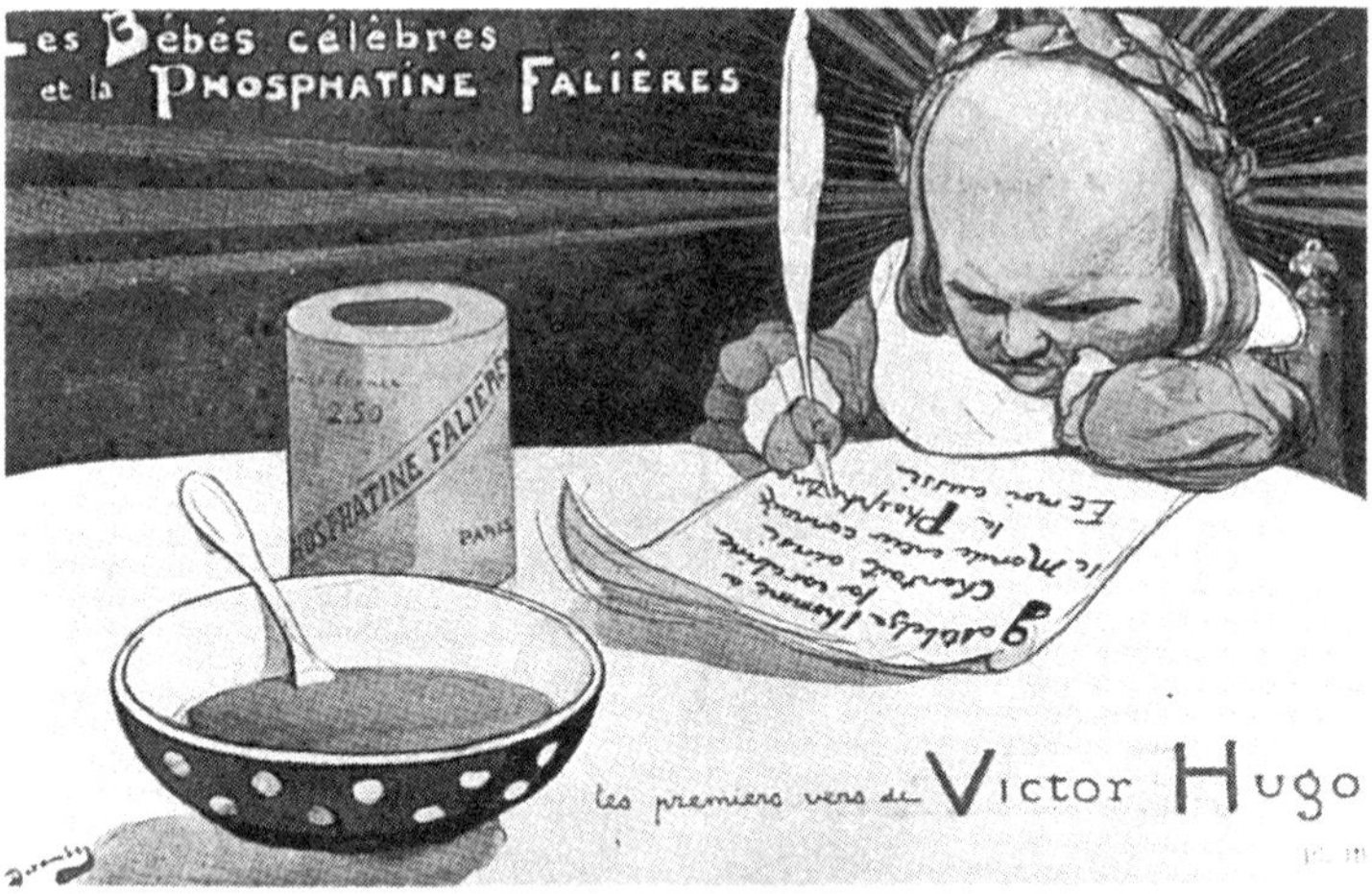

〈天才少年ユゴー〉は粉末カルシウムの宣伝キャラクターにまで使われた。コピーには「高名なる乳児と粉末カルシウム」とある。赤ん坊にカルシウムをあたえれば天才に育つというわけである。

ユゴーの肖像入り絵皿

たくさん出回ったユゴー・インク

晩年のユゴー

1885 年 5 月、国民詩人ユゴー死す。国葬に付されたユゴーの死は各紙で大々的に報道された。（図は『ル・モンド・イリュストレ』紙の報道）

リュシアンがその典型であるし、熱狂的なユゴー崇拝に生きたゴーチェたちいわゆる小ロマン派の作家たちがユゴー物語の流通を加速化したことは言うまでもあるまい。

ゴーチェはその回想録『ロマン主義の歴史』で当時のユゴー物語をこう述懐している。「誇り高い豪胆さと、高貴な天才をそなえた若き詩宗ユゴー……」「一八三〇年二月二五日！ この日付は、私の過去の奥底に、炎を発する文字で記し留められている。すなわち、『エルナニ』の初演の日付である。この夕べが、私の生涯を決定してしまった」。いわゆる文学史上ロマン主義の登場を画すると言われる『エルナニ』事件だが、重要なのは、このユゴー物語が、ユゴーに高貴なプリンスの称号をあたえて特権的領域に囲いこむということだ。それは、プリンスと反プリンスという境界線をしつらえる。ヴァロワ王朝時代の赤い胴着という例のいでたちで前桟敷に『エルナニ』応援の陣をはったゴーチェは、典型的な「ユゴー物語」を語りだしている。

私から見れば、世間の人間は、炎色と灰色との両陣に分けられ、いっぽうは私の愛情の対象であり、他方は私の嫌悪の的だった。私は、生命を、光を、躍動を、豪放な思想と実践を、ルネッサンスの華やかな時代への回帰を求めていたのだから……。私は、この高貴な色、王者の尊厳を表す緋色であり血や生命や光や熱の色であり金色や大理石としっくり調和するこの赤い色を愛していたのだ。

「灰色」の今ここを否定して、「炎色」の彼方に憧れるロマン的魂。このロマン的心性に支えられたユゴー物語は、プリンスと商人の間に境界線を引き、両者を離反させる。インダストリーの世紀が生みだした同じ私生児たち、同じ成り上がりたちの間に、幻想的な境界線がしかれてゆく。ロマン的魂は、インダストリーの児であるというおのれの出自にみずから嘘をつき、中世や異国という彼方への夢によって、自分の嘘にあざむかれるのだ。〈今ここ〉のインダストリーと〈彼方〉の文学とのこの幻想的対立が十九世紀前半の言説空間を二分してゆく。ユゴー物語は十九世紀の言説空間の二分化に決定的な役割を果たしつつ、ジャーナリズムと文学という離反しあう言説をつくりだしたのである。

ユゴーがそのテクストによる以上にその名によって流通し、言説空間を二分化する物語機能を果たしたさまを、一八四一年の『パリ便り』が伝えている。

ヴィクトール・ユゴーが崇拝者としてかかえているのは、民衆と女性とフランス文壇の高名な文学者たち。すなわち、国民のなかでも夢想的で情熱的な人びとである。かたやユゴーを嫌っているのは、国王、ヴォルテール派のジャーナリスト、そしてブルジョワ階級だ。つまり国民のなかでも実業に忙しい人びとである。多忙なかれらは、詩を読んで胸踊らせるような時間もなく、このわれらが現代作家ユゴーの作品のいいかげんな断片しか知っていない。要するに、ヴィクトール・ユゴーを嫌っているのはかれを読んだことのない人たちなのだ。(……)ところ

1826-1830年

著者	タイトル	推定最大部数
ベランジェ	シャンソン	140-160,000
フェヌロン	テレマック	90-120,000
フルーリ	歴史教理問答	80-130,000
ラ・フォンテーヌ	ファーブル	80-110,000
フロリアン	ファーブル	48-62,000
デフォー	ロビンソン・クルーソーの冒険	43-53,000
ペロー	妖精物語	27-40,000
マシヨン	四旬節説教集	28-34,000
ヴォルテール	全集	25-33,000
ルヴィエール	医者いらずの医学	20-36,000?
作者不詳	家庭料理	25-29,000
ラシーヌ	戯曲／作品集	22-30,000
ベランジェ	教訓戯曲集	13-40,000
モリエール	全集	20-28,000
スコット	アイヴァンホー	20,800
スコット	骨董商	20,800
スコット	神父	20,000
スコット	クウェンティン・ダーワード	20,000
ビュフォン	博物誌	16-24,000
ルソー	全集	17-21,000

1820-30 年代のフランスにおけるベストセラー一覧 1
（M. Lyons, *Le Triomphe du Livre* より抽出作成）

1831-1835年

著者	タイトル	推定最大部数
フルーリ	歴史教理問答	110-130,000
ラ・フォンテーヌ	ファーブル	95-120,000
フェヌロン	テレマック	60-80,000
ベランジェ	シャンソン	52-75,000
サン=ウアン	フランス史	52-66,000
フロリアン	ファーブル	30-40,000
ラムネー	信者の言葉	29-30,000
ベランジェ	教訓戯曲集	34-50,000
ペリコ	我が牢獄	22-30,000
デフォー	島のロビンソン・クルーソー	20-30,000
ジュシュ	シモン・ド・ナンチュア	21-23,000
サン=ピエール	ポールとヴィルジニー	21-26,000
シャトーブリアン	作品集	18-23,000
ルサージュ	ジル・ブラス	15-18,000
ルソー	ヌーヴェル・エロイーズ	15,000
ユゴー	ノートルダーム・ド・パリ	11-14,000
ポール・ド・コック	コキュ	11-14,000
デフォー	ロビンソン・クルーソーの冒険	14-22,000
モリエール	作品集	9-14,000
スコット	ウッドストック	13,000

1820-30年代のフランスにおけるベストセラー一覧 2
（M. Lyons, *Le Triomphe du Livre* より抽出作成）

が面白いのは、かれを読んだことのない者たちが、何につけ、詩でも散文でもむやみにユゴーを引用したがるということである。

つまりユゴーはそれほどまでに記号として流通していたということだが、この『便り』の日付は一八四一年、『エルナニ』上演からおよそ十年後である。異常なまでに長いユゴーの作家生命を考えれば、ユゴーがいかに早くから物語化されていたかがわかる。ユゴー物語は、こうして言説空間を二分化しつつ、ジャーナリズムという市場の言説とその市場に背を向ける文学という幻想的対立をうみだしたのだ。ゴーチエが「芸術のための芸術」という標語をかかげてこの対立を鮮明にするのは一八三六年、奇しくも『プレス』創刊と同年のことである。端的に言うなら、ロマン的魂とは、この幻想的対立に最後まであざむかれて、おのれをプリンスの側に位置づけ、自分のいかがわしさに気づこうとしない精神ではなかろうか。おのれの存在の条件であるロビンソンのあの〈島〉、書くという労働によって無から成り上がるテクストの可能性にすぎないものをテクストの理想と取り違え、その取り違えによって自分をあざむき続ける滑稽な精神。

商業ジャーナリズムが語るべきオリジナルな内容をもたない空虚な言説として生誕したとすれば、ロマン主義文学もまた「言うべきこと」をもっていたわけではない。ロマン派作家はすでに書かれているユゴー物語の模倣者だったのであり、全員が〈不朽の名〉という同じ病いにとりつかれつつ、その病いをあたかも精神の高貴さのしるしであるかのように錯覚したにすぎない。彼方や過去への憧憬は今ここの風俗の問題だったのである。ロマン主義は十九世紀の流行病だったのだ。

　このロマン的魂がようやくその取り違え《キプロコ》の夢から覚め、自分の出自のいかがわしさに気づき始めるにはボードレールを待たねばならない。そのとき、芸術家は自己をプリンスより商人に近いところに見いだし、市場に背を向ける以前にすでに自分が言説の市場の中に置かれていることを発見するだろう。そのとき文学は、「金で買われるミューズ」という自分の真実にようやく覚醒するのである。その地平に至るまで、文学とジャーナリズムはインダストリーの世紀が生んだ同じ私生児でありながら、たがいに離反しあう二つの言説空間をつくり続けてゆく。

　ユゴーの『エルナニ』上演は、ジラルダンが最初の新聞を創刊した翌々年のことである。ロマン的魂を卒業したジラルダンは、終生ユゴーの友人であったが、ユゴー物語とはいっさい無縁だった。ゴーチエの一生を決した『エルナニ』を、かれの新聞は五行の記事ですませている。自分たちのいかがわしい身分を彼方の高貴な名に近づけようとしたロマン派作家たちと反対に、貴族の父をスキャンダルの低みにひきずりおろしてド・ジラルダンの「名の征服」を果たした私生児エミールは、夢の名を追う文学者たちと離反するだけではない。やがて新聞小説を創始するこの男は、文学の市場を創設して作家たちの名の支配者のひとりになってゆく。

　そのとき、市場の中で売買され、値踏みされるもうひとつの〈名の物語〉が始まることだろう。

4

市場の中の芸術家

——「ロマン的魂」虎の巻 II

もうひとつの「ロビンソン漂流記」

いわゆるロマン派の熱狂は、テクストの問題である以前にテクストのこちら側にある欲望の問題であり、父より先に進もうとする私生児たちの反乱であった。あたかも文学的現象であるかのような様相を呈しながら、それは、自分たちの〈島〉をめざす青年たちのユース・カルチャーであり、風俗現象であり、さらに言うなら流行現象だったのである。そのロマン派の熱狂の波は一八三〇年代も半ばを過ぎるとピークを下ってゆく。はやユゴーは、テクストが読まれるか否かにかかわりなく記号となってひろく世に流通し、すでにユゴー物語化している。ミュッセの『世紀児の告白』がでるのが一八三六年。ナポレオンの革命の熱狂にも文学物語の熱狂にも参加できなかった「遅れてきた青年」の〈倦怠〉が、熱狂にとって代わるもうひとつの時代の気分になり、ロマン派のもうひとつの表情になる。

熱狂から倦怠まで、三〇年代のロマン派のすべての表情がでそろったとおぼしき四〇年代、それが、そっくりひとつの物語になる。あれこれの具体的なテクストのレベルでなく、ひとつのユース・カルチャーとしての「ロマン主義物語」ができあがるのだ。ロマン主義物語――ここでそう言うのは、ロマン主義を思いっきり風刺した一冊の本のことである。一八四二年、突如として現れた『ジェローム・パテュロ――社会的地位を求めて』なる一作が、発売されるやたちまちベストセラーとなった。ルイ・レーボーなるジャーナリストが書いたこの本が、十年ほどのあいだ大作家をしのぐ勢いで人びとの人気をさらう。ジェロームという一青年のパロディ版「ロマン的魂のオデュッセイア」が人びとの爆笑をさそったのである。

ということは、三〇年代を風靡した文学現象が、文学の問題である以上にひとつの流行風俗現象だったという認識を、すでに当時の人びとが広く共有していたということである。彼方、栄光、夢、そして倦怠——必要なのは、こうしたいわゆるロマン主義のイデーを、いちど徹底的にテクストの〈外〉にデコンストラクションすることではないだろうか。多田道太郎的に言うなら、ロマン主義なり世紀病なりを徹底的に時代のビョーキとして解読してみるということである。いや、解読してみるまでもなく、その当時においてすでに人びとはロマン主義をそのようなビョーキとして了解していたのであり、いわゆる退屈な文学史がそうした了解を抑圧してテクストとテクストをつないでいただけのことだと言ってもよい。あげくに機能停止してしまったその文学史からもういちど風俗感覚を取りもどし、文学を文学の外に向けて解体してみなければならない。

そこでこの知られざるベストセラー『ジェローム・パテュロ』を開いてみようというのである。熱狂から自殺に至るまで、ロマン主義という名の病いを風刺しきったこの一冊は、「世紀児の告白」虎の巻と題してもおかしくないが、同時にまた、「フランス版ロビンソン漂流記」と題してもおかしくない。主人公ジェロームは、「社会的地位」すなわち〈島〉を求めてロビンソンとまったく同じ出奔をし、冒険を重ねるからだ。ただしジェロームは最後まで自分の島を見いだせずに終わるから、挫折したロビンソンといわなければならないが、その出発はあまりにもロビンソンにそっくりである。そう、主人公のジェロームは、父を否認して「父より先に進む」あの青年の旅立ちをするのだ。

作品は、帽子を買いに一軒のメリヤス屋に立ち寄った作者が、その店を商う男ジェロームに自分の過去を語らせるといういわゆる額縁形式の告白体で書かれているが、その告白の冒頭からいきなりジェロームはこう語りだす。「私は、幼い時から孤児で、叔父に育てられました」。のっけから「捨て子」物語である。ロマン派青年のこの紋切り型を、読者は大いに笑ったにちがいない。実際ジェロームの物語はロビンソンと同じ家族小説《ファミリー・ロマンス》であり、その父の否認の身ぶりは、ほとんどせりふまで同じである。「私を模範的なメリヤス屋にすること、それだけが叔父のただひとつの望みでした」。

その叔父に、生返事はしたものの、そのとき私は、呪わしい熱狂をもってギリシア語とラテン語をかじっていました。コレージュを卒業してから、俗っぽい商店の飾りつけをしたこの店を再び目にしましたが、そのとき私は深い嫌悪感に襲われてしまったのです。私は古代の英雄たちと過ごしてきたばかりだったのですから。……ヒロイックで栄光に輝く、その至高の人生から、いったい何に降りてこなければならなかったというのでしょう？　メリヤスと靴下でした。何たるクズ！　その時から、私は、自尊心の悪魔にとりつかれてしまったのです。

ルイ・レーボー作、グランヴィル画『ジェローム・パテュロ——社会的地位を求めて』(1846年版)の仮表紙より。自分の〈島〉をめざすロマン的魂のオデュッセイア——青年ジェロームが社会的地位を求めて階段をのぼってゆく姿が描かれている。(右)

同扉絵。——メリヤス屋、それは私の悪夢でした（…）私は自分が、人類の頭に帽子をかぶせたり足に靴下をはかせたりするなどという仕事とはまるで違ったことのために生まれついていると信じていました。(左)

今ここにある自分を否定し、書くことによって成り上がること。こうしてジェロームのオデュッセイアは「ユゴー物語」から始まる。「私もまた、奇体な格好をして、メロヴィング朝の王族の髪形をしていたものでした。そうですとも、私は『エルナニ』の喝采屋の統領だったのです。……ああ、何という日だったことでしょう！　何という美しい日だったことか！」。始まるべくして始まるユゴー物語。さぞかし読者はそれを一昔前の流行風俗として笑ったにちがいない。天才、霊感、中世、等々の語彙で語られた〈文学物語〉がいかに物語でありビョーキであったか。

一種の熱病が若者たちにとりついていたかのようでした。……天才たちの時

1841-1845年

著者	タイトル	推定最大部数
ラ・フォンテーヌ	ファーブル	88-125,000
フルーリ	歴史教理問答	80-100,000
フェヌロン	テレマック	82-98,000
シュミット	民話集	55-70,000
サン＝ウアン	フランス史	48-96,000
アンケティル	フランス史	40-43,000
シュー	さまよえるユダヤ人	32-46,000
ベランジェ	教訓戯曲集	35-40,000
ルサージュ	ジル・ブラス	30-42,000
フロリアン	ファーブル	30-50,000
シュー	パリの秘密	25-35,000
ペリコ	我が牢獄	25-35,000
デフォー	ロビンソン・クルーソーの冒険	22-35,000
サン＝ピエール	ポールとヴィルジニー	25-30,000
デフォー	島のロビンソン・クルーソー	25,000
デュクレー＝デュミニル	ヴィクトール	24-30,000
ペロー	妖精物語	22-30,000
モリエール	作品集	24-26,000
ベランジェ	全集	22-30,000
マシヨン	四旬節説教集	20-25,000
ラシーヌ	戯曲	13-30,000?
ラス・カーズ	セント＝ヘレナ記	16-20,000
デフォー	十二歳のロビンソン	16,000
セルバンテス	ドン・キホーテ	11-20,000
レーボー	ジェローム・パテュロ	13,000

1840-50年代のフランスにおけるベストセラー一覧 1
（M. Lyons, *Le Triomphe du Livre* より抽出作成）

1846-1850年

著者	タイトル	推定最大部数
サン=ウアン	フランス史	230-320,000
ラ・フォンテーヌ	ファーブル	80-105,000
フロリアン	ファーブル	60-80,000
フルーリ	歴史教理問答	65-80,000
ベランジェ	シャンソン	65-80,000
作者不詳	千夜一夜物語	45-60,000
デュマ	モンテ=クリスト伯爵	24-44,000?
デュマ	三銃士	24-35,000?
フェヌロン	テレマック	20-35,000
デフォー	ロビンソン・クルーソーの冒険	15-40,000?
ラマルチーヌ	ジロンド派の歴史／全集	30,000
サン=ピエール	ポールとヴィルジニー	25-28,000
シュー	パリの秘密	22-28,000
シュー	さまよえるユダヤ人	25,000
シュー	民衆の秘密	20,000
デュクレー=デュミニル	ヴィクトール	15-25,000?
レーボー	ジェローム・パテュロ	18-20,000
デュマ	赤い館の騎士	16-19,000
ブリア=サヴァラン	味覚の生理学	15-17,000
シュミット	民話集	12-22,000?
アンケティル	フランス史	13-16,000
カベ	イカリア旅行	14,000
ペロー	妖精物語	18-26,000
ラシーヌ	戯曲／作品集	9-16,000
ユゴー	ノートルダーム・ド・パリ	12,500

1840-50年代のフランスにおけるベストセラー一覧 2
（M. Lyons, *Le Triomphe du Livre* より抽出作成）

が来たれり、と、みな世界にむかって呼ばわっていました。足で地を蹴りさえすれば、赤々と輝く色彩豊かな作品の数々が地から涌き出で、形式の才がほとばしり、東洋風の千のアラベスクとなって花開くこと間違いなしと誰もが語っておりました。

こうして文学というビョーキにつかれたジェロームは、三冊の詩集を書き、持ち金のありったけをはたいて出版したあげくに無一文の境遇になる。

エクリチュールの島を発見しそこなった青年は、別の島を求めて放浪の旅を続けなければならない。事実かれは次から次へと時代のビョーキにかかってゆくのだが、その放浪の出発点が文学物語だったというのは肝心である。天才も中世もピトレスク美学も「社会的地位」を求める旅のひとつなのであって、文学の問題ではないということなのだ。父を超えて成り上がること、すなわち「自尊心の悪魔」、それがロマン的魂の病いなのである。

というわけでジェロームの旅は以後文学以外のあらゆるものに及び、ここから『ジェローム・パテュロ』は一八三〇年代流行記になってゆく。文学をテクストの外からみようとするわたしたちにとってはなおさら格好である。事実、ロマン主義の文学物語はインダストリーと文学の間に幻想的な境界線を引いていたが、ジェロームの旅はその境界線を越えてゆく。文学から産業、ジャーナリズムにいたるまで、同時代現象のすべてがジェロームの島探しの対象となる。もういちどロマン的魂の嘘と真実に立ち返るまで、しばらくジェロームの旅を追ってみよう。

一八三〇年代記

さてジェロームの旅には同伴者がいるが、これがまた「ロマン主義虎の巻」そのもののような設定である。大衆作家ポール・ド・コックの熱烈なファンである花売り娘マルヴィナ、この娘がサンチョ・パンサ役を務めるという筋立てなのだ。どこにもない王国を求めてさまよう騎士と、此岸に足のついた道連れと、この二人が文学の次に見いだす〈夢の島〉はサン＝シモン主義である。「私にはサン＝シモン主義者の素質がありました。いまやサン＝シモン主義者たちの時代が到来し、かれらによってロマン主義者たちの影は薄くなっておりました」「翌日からさっそく私はメロヴィング朝の髪形を切りおとしました。……それが私のオデュッセイアの第二の歌だったのです」。サン＝シモン主義もまたロマン主義文学と並んで彼方をめざし、宗教的熱狂をふりまいた言説である。これもまた十九世紀を席巻した熱病のひとつであった。

一八三〇年代、サン＝シモン主義はアンファンタンの率いる教会と化し、ファナティックな信仰共同体を形成していた。アクチュアリテという語の流行をみた三〇年代は、〈摂理〉という語が大いに流行した時代でもある。摂理の声に導かれてアンファンタンは聖なる「父」となり、かれを崇める教父たちが世の救済を喧伝していた。「われわれの時代ほど救世主の数が多い時代はほかにありません。どこを歩いても誰かのメシアにぶつかってしまいます」。このサン＝シモン教会は信者たちの間に厳格な位階性をしき、くわえて制服制度をもうけて制服着用式を儀礼化していた。白いズボンに赤いチョッキ、青紫の上着からなるその制服は、白が「愛」、赤が「労働」、青紫が「信仰」のメタファーであり、サン＝シモン教会は愛と労働と信仰で結ばれた家族共同体だったのである。この家族共同体には「母」が必要だった。アンファンタンたちはやがて救いの母を求めて東方に旅立つ。三〇年代のサン＝シモン主義はこの父─母の両性具有思想によっても名高かったが、はたしてジェロームを指導する一教父は、その名を「マパ」という。むろんママとパパの合成である。三〇年代のサン＝シモン主義はこうした荒唐無稽な〈青い花〉教団と化し、四〇年代にはすでに風化していた。読者はこれもまた終わってしまった物語、一時代を風靡したビョーキとして大いに笑ったことだろう。

こうして一八三〇年代風俗記としての『ジェローム・パテュロ』を紹介してゆくときりがないが、この本の面白さ、そして当面のわたしたちの関心は、この風俗年代記がすべてロマン派青年の冒険として括弧にくくられていることである。つまりロビンソンのあの家族小説が続くのだ。サン＝シモン主義者になったジェロームのところに、またも叔父が姿を現し、家業を継げという。だが「自尊心の悪魔」はどこまでも父を否認してやまない。「このメリヤス屋のことばに私はかっとなりました。メリヤス屋は私を苦しめる悪夢だったのです。私は自身にむかって言ったものでした。メリヤス屋でくすぶって生きるなどというのは、私のような文学者にはふさわしからぬことではないか。メリヤス屋になって、帽子を売るだなどと！　それも木綿の帽子を！」。

ジェロームを指導する教父は、その名も〈マパ〉。両性具有はサン=シモン主義の理想であった。――マパ、それは神話であり、象徴でありました。男性と女性、父と母、すなわち人類の要約であります。（右）

『エルナニ』合戦の闘士ジェローム。――そうですとも、私は『エルナニ』の喝采屋の統領だったのです。……ああ！　何という日だったことでしょう！　何という美しい日だったことか！（左上）

サン=シモン教会で修行に励むジェローム。――私にはサン=シモン主義者の素質がありました（…）くる日もくる日も私は四十足のブーツを信仰心をこめて磨いたものでした。（左下）

ロマン的魂のプリンス願望。しかしながら文学物語から始まったこのオデュッセイアはしだいに境界線を越えて〈商人〉の世界に入ってゆく。とにかく父を超えて成り上がることが必要なのである。信仰はあたえてくれても地位はあたえてくれないサン゠シモン主義の次にジェロームがめざす島は産業界である。「それは産業が栄えていた時期でした。フランス中がその餌食でした」。鉄道株、石炭株がうなぎ昇りの投機の時代、ジェロームは「モロッコ帝国タール」会社の社長に就任する。モロッコというのは、タールから化粧品に至るまでやたらエキゾチックな外国製がうけた十九世紀前半、初期フランス産業界のパロディだが、ロマン主義物語がまた〈名の物語〉でもあったことを想起しよう。ジェローム・パテュロは株式会社の仲間に名を変えられてしまうのだ。「名前は？」「ジェローム・パテュロです」「ジェローム！　と相手は叫びました。つまらん名だな。ぱっとせん。変えることにしよう。ナポレオン・パテュロ、これでゆこう」。サン゠シモン教会に株式会社。一八三〇年代繁盛記――今ふうにいえば当世流行職業〈金魂巻〉としてこの本がいかに大衆に読まれたか、大いにうなずけようというものだが、ジェロームのオデュッセイアのその後はわたしたちの問題と大いにかかわりあう。それというのも株式会社に次ぐかれの冒険はジャーナリズムと新聞小説の世界だからである。文学とジャーナリズムという十九世紀の二大言説、その二つの離反と相関がわたしたちの関心である。

そこでまずジャーナリズムだが、ジェロームは三人の仲間とともに『アスピック』なる小新聞を創刊する。あきらかにこれはジラルダンの興した新聞事業のパロディである。ジラルダンの創始し

景品で売れる新聞『アスピック』。——わたしたちは文の製造と並んでバザールを開いたのでした。それは……詩と産業の結合でした。（上）

ジェローム・パテュロ、小新聞『アスピック』を発行す。文は金なり。（下）

た商業新聞がいかに時代を席巻していたかということだが、ここではその商業新聞の商業性を誇張した箇所を紹介するにとどめよう。誇張はつねに相手の本質を直撃する。ジャーナリズムの言説がいかに無内容であり、言説とは関係ない商品であったか。ジェロームたちは『アスピック』を創刊したものの、待てど暮らせど購読者はいっこうに現れない。そこでかれらは起死回生の手として「景品」を思い立つ。すると購読者が殺到するのである。フェルトの帽子から、オービュソンのじゅうたん、ウォルター・スコット全集、メドックのワイン、ショール、ありとあらゆる景品を新聞が包む。「わたしたちは文の製造とならんでバザールを開いたのでした。それはミューズと工芸の結合であり、思想と事実の結合、詩と商業の結合でした」。ジラルダンはその『実用知識ジャーナル』に景品をつけたので名高かった。論説新聞から商業新聞への転換とは言説のマス・マーケットの開発である。ここから、ミューズがこのマーケットに囲いこまれてゆく〈市場の中の芸術家〉の歴史が始まる。

だが、その市場の中の芸術家の行方をくわしくみる前に、ひとまずジェロームの旅の終わりを見届けておこう。流行としてのロマン主義の最後の身ぶり、それは〈自殺〉である。ジャーナリズムでの成功も長続きせず、結局、島を見いだせずに終わってしまうこのロビンソンは、「選ばれた少数者」になろうとする芸術家の最後の身ぶりによってその旅にピリオドを打とうとする。すなわち、生きる倦怠と自殺、である――『ジェローム・パテュロ』が当世流行記としてベストセラーになったことを忘れないようにしよう。倦怠も自殺も当時の青年たちを襲った病いでありビョーキだったのである。ジェロームのこの最後の冒険に冠せられたタイトルは、「理解されざる哲学者」。ロマン的魂の求めてやまない彼方の究極は「どこにもない王国」である。このメリヤス屋の息子は、「地上の家族につながれた此岸」を否定して、どこにもない彼方のプリンスを夢見つづけてやまないのだ。

マルヴィナ、と私は言いました。自殺は人間を立派にするものだ。生きて立っていては誰も無だ。だが死んで横たわればひとは英雄になる。(……)もし私が死ねば、たちまち私の書いた本は、一巻一巻がひとつのモニュメントになり、天才の作品になるだろう。

書くことによって成り上がることができなければ、死によって成り上がる。〈不朽の名〉という見果てぬ夢。ユゴー物語からはじまったこの魂の冒険は最後まで天才物語であり、〈名の物語〉なのである。

こうして『ジェローム・パテュロ』はロマン主義の病いのすべてを繰り広げてみせた後、この病いの終焉をもって落着する。自殺は未遂に終わり、駆けつけてきたメリヤス屋の叔父に諭されて、ジェロームはようやく〈成り上がる〉という病いから覚めるのである。「私はパテュロのおやじが正しいことがわかりました。私はどうしようもないエゴイストだったのです。私は自分にとって大切なものすべてを、何ともいえない病的な虚栄心のために犠牲にしようとしていたのでした」。こうして主人公はついにロマン的魂を卒業してメリヤス屋を継ぎ、平凡で平和な家庭を築く。文学物語に始まって、サン＝シモン教会から株式会社、ジャーナリズム、そして自殺に至るまで、三〇年代流行記を綴ってきた『ジェローム・パテュロ』は、父の否認に始まるファミリー・ロマンスであり、ファミリー・ロマンスとして終わる。

この本がベストセラーとなって読まれたということは、すでに当時においてロマン主義がテクストの問題ではなくその条件の問題だという認識がひろく共有されていたということである。無から成り上がって栄光に到達するというビョーキ。どこにもない王国を追いかけるビョーキ。それはテクストの問題でなく風俗の問題であり、流行の問題だった。「選ばれた少数者」になろうとする芸術家の魂にはおかまいなく、十九世紀の大衆はその芸術家物語を大いに楽しんだのである。

金で買われるミューズ

さて、ユゴー物語と自殺の間にはさまったジェロームのジャーナリズム体験記に話をもどそう。小新聞『アスピック』発行事業に失敗したジェロームは、今度は大新聞に雇われる「新聞小説」作家になる。かれはミューズを市場に売るのだ――ここが文学とジャーナリズムという十九世紀の二大言説のインタークロスする場である。プリンスと商人の複雑な相関、わたしたちの関心はそこにある。「天才」や「栄光」の語彙で語られる文学物語、それがロマン主義物語だったといったが、このプリンス物語は〈商人〉を負の記号にしていた。けれども、かれらの幻想にかかわらず、近代の作家たちは、その発生の当初から実は〈市場の中の芸術家〉として生誕したのである。自分をプリンスと錯覚するその願望にもかかわらず、かれらは否応なく市場のただなかにおかれていた。ミューズは市場で買われなければ本にならない。ジェロームのユゴー物語は同時に「貧乏詩人」物語でもあった。(「わたしの作品を印刷したいと思った編集者はひとりとしていませんでした」……)。

作家たちはその魂において商人に背を向けながら、実は商人に身を売らなければならない。文学はインダストリーに離反する身ぶりをしながら、インダストリーに包囲されているのである。作家たちの幻想の中で引かれている境界線——今日ならさしずめハイアートとマスカルチャー、芸術とメディア、純文学と大衆文学の間にある境界線といってもよいが、十九世紀前半は、この境界線がはじめて出現した時代であり、そしてその境界線をめぐる言説がおびただしく出現した時代である。そうした境界線をめぐる言説のなかでももっとも典型的なのは、何といってもサント＝ブーヴが一八三九年に『両世界評論』で展開した〈商業文学〉批判であろう。サント＝ブーヴは、新聞紙面に大々的に宣伝され、その派手な宣伝効果とともに大繁盛した新聞連載小説にたいして、商業文学という侮蔑的名称を投げつけた。金のために量産され製造される文学、つまりは文学の産業化を批判したのである。サント＝ブーヴにかぎらず、当時の年代記や回想録をめくれば、こうした批判には事欠かない。たとえば、Ph・シャールの回想録『十九世紀の人びとと風俗』の次の一節などもこうした批判的言説の典型であろう。「インスピレーションはもはやエスプリから発せられるのではなく、

バルザックの小説『老嬢』の連載予告
（『プレス』紙）

『プレス』紙の宣伝ポスター。シャトーブリアン『墓の彼方の回想』連載！

金庫から発せられるのだ。ペンを握っている者がインスピレーションを抱くのではなく、かれらに金を支払う者がインスピレーションを吹きこんでいるのだ」。

金で製造されるミューズ。この文学製造の場は、新聞のあの学芸欄である。学芸欄は文学の〈工房〉であり、この工房を発明したのが、メディアの商人ジラルダンであった。一八三六年、『プレス』の学芸欄に初の本格的新聞小説としてバルザックの『老嬢』が掲載されて以来、新聞連載小説はマスカルチャーとして爆発的にヒットし、これ以後ジャーナリズムは大々的な文学の市場になってゆく。三八年にはデュマが『シエークル』紙に『キャピテン・ポール』を発表し、わずか三週間の間に購読者の数を一挙に三千人ほど伸ばし、『フィガロ』紙ではポール・ド・コックが大活躍する。そして四三年にはあの伝説的なシューの『パリの秘密』が巷の人気をさらい、続く翌年、『コンスティテュショネル』紙が同じシューの『さまよえるユダヤ人』を連載させる。この連載小説のおかげで『コンスティテュショ

新聞小説の製造マシーン（グランヴィル画『別世界』より）

ネル』の購読者は途端に三千人から四万人の大台にはねあがった。まさに驚異的な部数の伸びである。シューとならんで、デュマもまた数々の連載小説を掲載し、長期人気を博し続ける。バルザック、ジョルジュ・サンド、メリメ、ほとんどの作家が新聞小説として作品を発表してゆく。ラマルチーヌの『ジロンド派の歴史』やシャトーブリアンの『墓の彼方の回想』でさえ初出は『プレス』紙である。文字どおりジャーナリズムは文学の市場であった。

この市場の外にいたのはヴィクトール・ユゴーただひとり。ユゴーは一八六六年、『海で働く男たち』を連載にと乞われるが、五〇万フラン（現在の日本円に換算して約五億円！）とも言われた破格の金額をことわって単行本で出版した。ユゴーを唯一の例外として、ほとんどの作家はこのメディアの市場に作品を売っている。なかでもデュマは膨大な量の小説を量産したので名高く、「デュマ小説工房」は六〇余名のライターを雇っていると噂されたものだが、そうした量産が必要なほど、新聞小説の需要は大きかったのだ。

連載小説は当時のマスカルチャーの大ヒット商品だったのである。こうしてみれば当世繁盛記『ジェローム・パテュロ』に新聞小説が登場しないはずはないのだ。ジェロームにその繁盛ぶりを語らせよう。

ご存じのとおり、われわれの社会では新聞小説は一杯のコーヒーやハバナの葉巻にひけをとらないほどの重要性を占めております。それは毎日の欲求になり、なくてはすまされぬ消費物になってしまいました。万が一、明日、新聞がそれぞれの購読者にむかって、いま出回っているアルチュールやマチルドの冒険［いずれもシューの小説］の続きをカットすると宣言してごらんなさい。たちまち、スカートやナイトキャップが飛んできて反乱が起きるにちがいありません……。

それほどまでに新聞連載小説は十九世紀のマスカルチャーのヒット商品だったのである。

そしてヒットだったということは、書く側から言えば金になったということである。ジャーナリズムは文字どおり小説家の市場だったのだ。シューやデュマのような作家は書く前に支度金を受け取った。小作家や無名作家は一行いくら、一段いくらで支払われた。言ってみれば〈文の計り売り〉が行われていたのである。みずからジャーナリストであり学芸欄ライターであったレーボーは、こうした「金で買われるミューズ」の体験をジェロームに次のように語らせている。

こうして私は段と行と文の商売を始めました。（……）私はミューズを変えたのです。私の耳は、文体のハーモニーより金属の音のほうに敏感になりました。私は、書きながら、勘定をしていました。私の想念は、われあらず足し算のほうにかたむき、ひどく胸を打つ話も私には数字の計算と切り離せないように思われました。

ジャーナリズムはミューズを金に変える場であり、その意味では〈商人〉がプリンスの支配者でもあったのだ。作家たちが夢みていた彼方の島は、今ここにあるジャーナリズムに包囲されていたのである。

市場の中の芸術家

作家自身がこうした自分の身の上を覚めた目で認識するのは、五〇年代のボードレールがはじめてである。ベンヤミンのボードレール論が言うように、「ボードレールはすでに早くから、何の幻想も持たずに文学市場を観察して」いた。だからボードレールは「若き文学者への忠告」にこう書いた。

どんなに美しい家でも、まず第一に——美しさが問題になるより先に——何メートルかの高さと、奥行きから成っている。——同様に文学は、たとえそれがどれほどはかり知れぬ内容をもっていようとも、まず第一には行数をみたすことなのだ。そして、名前だけですでに儲けが約束されているのでないような文学の建築家は、どんな捨て値であろうと売らねばならない。

このボードレールを指してベンヤミンは「自分自身の興行師」と語っている。プリンスの存在の真実は「金で買われるミューズ」であり、彼方の栄光は、ひとまず今ここで買い手を見いだせるかどうかという「商品の命がけの飛躍」の問題である。ボードレールにおいてはじめてロマン主義は、自分をプリンスより商人に近い場所に見いだし、そして自分のその身の上のいかがわしさを娼婦のアレゴリーに託してテクストの中に明示する。

靴を手に入れるために彼女は魂を売った、
だが神様はお笑いになるだろう、もしこの汚れた女のそばで
わたしが偽善者ぶり、高潔なふりなどしてみせたならば、
このわたしとて思想を売り物にし、作家になりたがっているくせに。

こうしてボードレールにおいてはじめてテクストの内に明示されるテクストの外は、しかしロマ

ン主義の当初から作家の置かれていた場所である。ボードレール以前にこの「プリンスの真相」にいちばん近づいていたのはバルザックであった。無から出発したこのロビンソンは、成り上がる以前に生きるために文を売り、いきなり市場に直面せざるをえなかったからである。ハンスカ夫人への書簡が金勘定のことばでうずめられているのは周知のとおりだが、たとえば一八四四年九月の便りには、〈自分自身の興行師〉の苦労が綴られている。

> 私の作品は、むこうからお願いしますと頼まれたものではなく、私のほうからもちこんだものです。そのため、二つの点で損をしています。ひとつは、こちらから売りこんだ商品だからというので買いたたかれる金銭面での損。もうひとつは、敬意を払われなくなるというマイナスと時間のロスです。E・シューの家にはむこうからわざわざ足を運びます。なにしろシューは大物ということになっているのです。控えの間で待たされている間に相手はその豪華な暮らしぶりに圧倒され、シューの条件を呑んでしまいます。私のほうは、自分が買い手側のほうへ出向き、そこで何時間も待たされるのです。待つのはこちらで、あげくに買いたたかれてしまうのです。役割があべこべです。私はこの損失を一年で一万二千フランと踏んでおります。

バルザックは同じ便りに、「明日『プレス』に『農民』を売りこみに行きます!」と書いている。作家が市場の中の芸術家であることを知らずにいるにはバルザックはあまりに商人の経験を積み、自分自身の興行師であることを余儀なくされていた。そうしながらバルザックは自分の天才がシューを超えると信じていた。〈彼方の栄光〉と〈明日の売れ行き〉の間の綱渡り——多かれ少なかれ、これがロマン的魂の真相である。芸術家がパトロンを失って「芸術の市場への引き渡し」(ベンヤミン)が行われた十九世紀、ペンの市場ひとつに生きた平民作家バルザックは、栄光の「文学物語」に生きながら、しかし夢にあざむかれることが少なかったのだ。ほとんど文壇づきあいをせず仕事部屋にこもりきりだったこの勤勉なロビンソンは、〈島〉が今ここの生産の場所でありエクリチュールの仕事場であることを体で知っていたのである。

ちなみに他の作家たちは、ユゴーをのぞき、ほとんどが副業を持っている。サント＝ブーヴはマザリーヌ図書館の館長、ノディエはアルスナル図書館長、ゴーチエはマチルド公妃の図書館長、モーパッサンは役所勤め、スタンダールもユイスマンスも官職についていた。こうした定職のないバルザックやネルヴァルはペンの市場に直に向きあわざるをえなかったのだ。かれらのそのペンの市場とはむろんジャーナリズムである。文学物語の発生とジャーナリズムの発生はまったく同じ三〇年代の出来事に属している。前にみたように、本格的な新聞連載小説が生誕したのは三六年。ここから大々的な「新聞による小説の制覇」(R・ギーズ)が始まるが、それ以前にもすでにジャーナリズムはテクストの市場として現れていた。「文芸雑誌」というメディアがそれである。一八二九年、ヴェロンが『パリ評論』を創刊し、一八三〇年にビュロが『両世界評論』刊行を開始する。この二誌の出現が文学をジャーナリズムという市場に囲いこんでゆく。それ以前には文学は単行本という形態以外の出版形態をもっていなかった。以後、雑誌と新聞というメディアがロマン派作家たちの市場になる。

その市場の中で、ロマン的魂は「商品の命がけの飛躍」をしなければならない。どこにもない王国の中の高貴な〈名〉と市場の中の〈名の価格《ネーム・バリュー》〉と——ロマン主義とはこの二つの間の綱渡りである。そしてこのときこの名の物語は、テクストと署名という問題と交錯する。デリダの言う署名、テクストの内でも外でもない署名の位置する「約定の体系」は、当面のわたしたちの関心から言うなら、なにより市場というシステムである。そのシステムのなかで、作家たちは名を売りわたさなければならない。商人の側から言えば、小説家の名の差異はテクストの〈値段〉の差異である。いまだ著作権が確立せず、ジャーナリズムが生誕したばかりのこの時代、作家は名によってランクづけられ、それぞれが違う価格で稿料を支払われていた。かれらの「名の値段表」を作成した商人がいる。ほかでもない、あのジラルダンである。『プレス』創刊間近い一八三五年、かれのつくった作家の値段表を掲げてみよう。

トップはユゴーとポール・ド・コック。二千五百部以上売れるかれらの原稿は、一作につき三千から四千フランである。［現在の日本円に換算しておよそ三百万から四百万円］

第二ランクは千五百フランで、売れ行き千五百部程度の作家。E・シュー、ジュール・ジャナン、F・スーリエ、バルザックがここに入る。［この時点でシューはまだ『さまよえるユダヤ人』を

市場の中の芸術家たち（『パリの悪魔』より）

書いていなかった」

次が、六百から千部しか出ない作家で、かれらの値段は五百から千フラン。ミュッセやゴーチエ、A・カールがこのランクである。

さらに下のランクは、五百フラン以下。ほとんど無名の作家は三百フラン。

ちなみに、ド・ロネー子爵すなわちジラルダン夫人の『パリ便り』は、年間六千フラン（およそ六百万円）を支払われていた。

ジラルダンはまた、その名で購読者の数を伸ばせる作家を「大署名《ビッグ・ネーム》」と言った最初の男でもある。逆に名のないライターの記事は無署名であった。作家の思考の魔術のなかで夢みられていた名は、市場で容赦なく値踏みされていたのである。

署名はこうしてテクストの価格にかかわるだけでなく、そのテクストの言説の位置＝スタテュにもかかわっている。現在、わたしたちが新聞に書かれたテクストを「報道」として読むのは、それが無署名だからである。その無署名は、そのテクストがフィクションであることを忘れさせる装置になっている。このとき署名はその不在によって作動しているのだ。逆に署名記事は無署名のテクストからみずからを区別することによって、これもまた無署名のテクストのフィクション性を隠す役割を果たしている。メディアが生誕したばかりの十九世紀、こうした署名によるフィクションとノンフィクション（報道）の境界線は、作家の側から言えば〈名〉になるかどうかの境界線であった。

バルトによって「作者の死」が宣告されるに先立つこと一世紀半あまり、ロマン主義の時代はわたしたちが「作者の誕生」に立ち会う時代である。市場という「約定の体系」のなかで、署名は〈夢の名〉を支配し、作者の誕生を支配している。しかもその作者の誕生は、三〇年初めに小新聞がおびただしく出回った時期から三六年の新聞小説の誕生にいたるまでの短い期間に、複雑な変容を経ている。

たとえばバルザックはこの時期、ド・バルザックと署名する以前に、匿名や変名で無数のテクストを生産している。一八二九年から三〇年の一年間、バルザックはジラルダンの小新聞をはじめ多数の新聞・雑誌に寄稿したジャーナリストだった。そのほとんどのテクストは変名か匿名で書かれている。H de B, Henri B, Le Comte Alex de B. 等々。小新聞の記事は匿名が「約定」だったのだ。これにたいし、署名にかんする刷新をやってのけ、メディアと文学の新しい関係をつくりだしたのはヴェロンの『パリ評論』である。『パリ評論』は「全記事署名」をうたい文句に高級文芸雑誌というコンセプトをうちだした。名を商品にすること、それがヴェロンの戦略だった。ヴェロンは文学という境界線のこちら側にテクストと名を囲いこもうとしたのである。

メディアの中の芸術家はこうした市場の約定のなかでの興行師である。バルザックは匿名から「ド」の小辞のないバルザック、あるいはド・バルザックと、さまざまな名を使いながら雑誌・新聞に寄稿している。寄稿しなくてもバルザックは単行本で出版できるネーム・バリューをすでに勝ち得ていた。といってメディアに依存しないですむにはかれはあまりに借金に追われていた。先の

たくさんの新聞に寄稿して稼いだバルザックのカリカチュア

書簡にみたとおり、『プレス』に『農民』をみずから売りこみにゆくかれである。ナポレオンに匹敵する不朽の名の征服を果すべく富と栄光を追いながら、バルザックというこのロマン的魂は、自分の頭脳の中の彼方の王国と今ここの市場での明日の売れ行きとの二つの間の綱渡りを続けていた。

彼方と今の間の綱渡り。バルザックの対極にあるもうひとりのロマン派作家、ジェラール・ド・ネルヴァルは「ロマン的魂」虎の巻のもうひとつの例である。ネルヴァルはその匿名癖で名高い。バルザックよりはるか下のランクにあったかれは、あちこちの新聞記事でその日暮らしをしている。『フィガロ』紙でのかれの価格は一段五フラン、月に二五〇フランから八百フランの稼ぎだった。その安い記事に、かれはありとあらゆる仮名で署名をしている。そのネルヴァルを、ゴーチエは回想録のなかでこう述懐している。「かれは仮面をみぬかれると、それをかなぐり捨てて、別な仮面、別な覆面をしたものであった。かれは次から次へとフリッツだとか、アロワジウスだとか、そのほかいろいろな名前で署名していた。……おそらくかれは、実際に名声に値する人物にならない限り、そして自己の理想に近づいてそれと顔を合わせても赤面しないですむようにならない限りは、人に己が名を知られて、〈指で指し示されてあの人よと言われること〉を望まなかったのであろう」。

要するにネルヴァルは彼方と今の間に引き裂かれた、下手な綱渡り師だったのだ。どこにもない王国の夢が大きすぎて「金で買われるミューズ」の現実と折り合いをつけるのが不可能だったのである。かれの求めたプリンスの名は、小さな名を認めるにはあまりに大きすぎたのだ。「地上の家族につながれた此岸」と彼方の夢の名の分裂をネルヴァルは狂気と死によって飛び越える。我はアキタニアのプリンス——そう信じつづけたジェラール・ラブリュニーは薄暗いパリの路地で縊死を遂げる。すでにそのとき同じパリでボードレールは自分自身の興行師の芸当をやっていた。『悪の華』の出版はネルヴァルの死の二年後のことである。ネルヴァルは自身の興行師になるにはあまりにロマン的魂の夢が大きすぎたのだ。あの家族小説そのままに、父を否認し、想像の中の高貴な家系図の中に生きていたネルヴァルは、今ここの市場で生計をたてながら見果てぬ彼方の名を見つづけている。

文学の仕事というのは二つのものから成っています。ひとつは、新聞のあてがい仕事、これは良い稼ぎになって、きちんと仕事を果たせば誰にでも固定したポストをあたえてくれます。だが残念ながらこの仕事はそれ以上高いところにも遠いところにも導いてくれません。もうひとつは、本、戯曲、芸術研究です。こちらは時間がかかり、容易にはゆかず、かならず長い前準備の仕事と、一定の蓄積と勤勉の時期を必要とします。こちらの仕事は報われません。だが、そこにこそ未来があり、偉大さがあり、幸福で栄誉ある老年が在るのです。

ロマン的魂とはテクストの内容である以前に、この二つの境界線の綱渡りであり、ユゴー以外のほとんどのロマン派作家が大なり小なりこの綱渡りの芸をやっていたにちがいない。〈彼方〉はテクストの内容以上に〈反=市場〉のかれらの身ぶりだったのだ。

ボードレールをまってはじめてこのロマン主義の身ぶりが反転する。かれとともに文学ははじめて「金で買われるミューズ」として、その身分=地位のいかがわしさを公言し、彼方と今は離反することをやめる。レイチェル・ボウルビーの斬新な自然主義文学論が析出しているように、万博やデパートといった消費文化のスペクタクル空間が生成してゆく世紀末は、文学とインダストリーの公然たるコネクションが加速度的な展開をみせてゆく時代である。それはまた、〈倦怠〉が此岸の否定でも「選ばれた少数者」の身ぶりでもなくなり、今ここに生きる都市生活者の常態と化すときでもある。

そのとき彼方はもはや遠方ではなく、都市のショーウィンドーの中によび寄せられる光景となる。不朽のものにかわって、つかの間のもの、エフェメラの世界がたち現れ、新奇なものの専制、モードの専制がはじまる。メディアと文学のあいだの境界線はここから薄れてゆく。メディアが日常の疑似自然と化す二十世紀末まで、〈真の文学〉とマスカルチャーを隔てる「境界の言説」は形を変えつつ存在しつづけてきたし、今もおぼろに存在し続けてはいる。けれども、やがて新聞がイラスト化し、次いで写真が紙面に現れるようになったとき、ロマン主義の彼方はあっけなくアナクロ化したと言うべきだろう。スイッチひとつで彼方が今に浮上するテレビは新聞写真の延長である。要するに、彼方はパノラマ風景となって〈新奇なものの永劫回帰〉に席をゆずるのだ。ありとあらゆる彼方をパノラマ風景と化し、出口のない今ここの内に封じこめ抑止するメディアの帝国は、大衆消費社会の不可避的な運命であり、〈青い花〉がディズニーランドと化すのは時間の問題である。

こうしてすべての彼方を抑止するメディアの専制のもと、彼方への憧憬は、新しい〈外〉への願望となって人びとの心のなかに再びたちあらわれている。けれどもその外への希求は、十九世紀のロマン的魂の復活ではありえないだろう。栄光、死後の名声、名の征服――つまりは近代の「作者」の神話は、アカデミズムの中の文学研究という制度のなかにかろうじて姿をとどめているにすぎない。かろうじてそこに生きのびている〈名の物語〉は、ひたすらテクストを名に従属させつつ、幻想的な境界線を延命させているだけだ。新しい青い花の行方は、その幻想性をいったん徹底的に解体した後にしか語りえないのではなかろうか。

5　文の興行師たち

市場のスタイル

メディアの市場に囲いこまれて、彼方の名声に憧れながら明日の売れゆきに心悩ます〈自分自身の興行師〉たち——十九世紀の作家たちのその興行師ぶりは、名やテクストの地位《スタテュ》という問題だけにかかわるものではない。メディアの市場の要請は、かれらが「売り」にださねばならないテクストの内容や形式＝スタイルにもおよんでいた。

えてして作家の文体は、テクストの外を考慮することなく、あたかもその作家の才能や資質の問題としてのみ論じられることが多い。けれども、かれらの文のスタイルは、それが生産され消費される〈場〉のスタイルのなかにはめこまれている。〈市場の中の芸術家〉はあくまで市場にむけて自分の製品を仕立てあげなければならないのだ。かれらが紙のうえに書いてゆく文は、一行一行が市場むけの商品であり、意識するしないとにかかわらず、いわばメディアの書式設定を課せられている。ロマン派の作家たちはいずれもそろって〈文の興行師〉であることをよぎなくされていたのである。「ロマン的魂」虎の巻は、同時にまた「文体」虎の巻でもあるのだ。

ミューズがインダストリーに身を売ったこの世紀、インダストリーにフィットした文学形式は、なんといっても小説である。ジェロームのオデュッセイアにみたように、詩と戯曲から始まったロマン主義は、たちまち小説に席をあけわたす。それもそのはず、小説こそもっとも〈成り上がり〉

にふさわしいジャンルだからだ。無から成り上がるロビンソンたちが築きあげる夢の島は、小説でなければならない。それというのも詩や戯曲は由緒ある「高貴な」ジャンルだからである。父殺しを図るかれらは、父を超えて先に進むために、自分たちに先行するその高貴なジャンルを殺さねばならない。由緒を断ち切り、系譜を断ち切ること、すなわち「伝統からの自由」——それこそ小説の身上である。小説とは父を否認する私生児たちが必然的に選びとった文学形式であり、徹頭徹尾、素性いかがわしい新興ジャンルなのだ。

伝統的形式から自由なジャンル。事実、小説の特徴は徹底的な「形式の自由」にある。そこではすべてのスタイルが許されている。伝記風、評論風、告白風、エッセイ風、どのようなスタイルも可能であり、そのうえサイズの制限もない。長、中、短、いずれも可能なフリーサイズである。徹底的なフリースタイル、それが新興ジャンルたる小説の身上だ。白紙を前にした小説家は、ロビンソンそのままに、思うさま支配権をふるえる自分だけの島を前にしている。

だが、前章にみてきたとおり、かれらが手にしたその「自由の王国」は同時にまた、作品を売る自由でもあり、売らねばならない「必然の王国」でもあった。父を捨てたロビンソンたちは、つまりは宮廷というパトロンを失ったのである。ラシーヌやモリエールたち古典派作家は「王室御用達」の職人であり、そこでは王の趣味《グ》が絶対の掟であった。この規範からフリーになった近代の芸術家は、その自由とひきかえに、読者という顔の見えない不特定多数の趣味に支配されることになる。自由なスタイルは、皮肉なことに、トレンドというメディアの掟に服することになるのである。小説の文体とは、つまりは〈市場のスタイル〉にほかならない。十九世紀の小説家たちは、まさしく市場のスタイルを競いあう文の興行師の群れであった。

トレンドの号令

そうして作家たちの文体を陰に暗に支配したメディアの市場のなかでももっともビッグな「文の市場」、それが、先にみたように、新聞の学芸欄である。『プレス』紙に新聞小説が誕生した一八三六年は、小説の文体＝スタイルの歴史のうえでも特筆されるべき年であろう。新聞小説という形式は、小説の内容とスタイルに多大な影響をおよぼしたからである。それまでは書き下ろしから本へというルートしかもっていなかった小説が、以後、日刊紙に連載されることになる。このシステムの誕生によって、ミューズは金を生みだす源泉ともなったが、そのかわり、作家たちは、掲載にふさわしい作品を書かねばならず、しかも「連載」という形式にのっとって、それにふさわしいスタイルで書かねばならない。フリースタイルという小説形式は、たちまちメディアの書式設定を課せられてしまったのだ。こうしてテクストの〈外〉がテクストのスタイルを規定してゆくありさまを、作品に即して少し詳しくみておくことにしよう。

が、そうは言っても、当時の新聞連載小説の形式は、現在のわたしたちが知っているようなそれとは較べものにならないほど自由だった。まず締め切りだが、これがまことにルーズをきわめてい

19 世紀の〈文の興行師〉たちとその看板小説　左から、ジョルジュ・サンド『捨子フランソワ』、ウジェーヌ・シュー『パリの秘密』、バルザック『人間喜劇』、ユゴー『ノートルダーム・ド・パリ』、デュマ『三銃士』。

た。二、三回の「欠」など少しも珍しいことではない。そして枚数はと言えば、文字通りのドンブリ勘定である。メディアの市場で売買される文が一行いくらの計り売りであったことは先にふれたが、まさしく新聞小説は「行」払いであった。たとえば『シエークル』紙が『三銃士』の作者アレクサンドル・デュマを買いあげた方式は、「一行につき一・五フラン、一年間に一〇万行」というしろものである。デュマの書いた数々の連載小説の「長さ」はここに由来しているといっていいだろう。なにしろ行払いだから、長ければ長いほど稼げるというわけだ。逆に、こうして全体は長くなるかわりに、一行あたりの文は短くなってゆく。どれほど短いせりふだろうと一行は一行にかわりないからである。サント＝ブーヴの〈商業文学〉批判は語ったものだ。「対話だけでしか新聞小説を書かなくなった作家がいる。なぜなら、各文章、あるいは各語に余白があっても、一行書いたことになるからだ」と。

連載小説にこうしたドンブリ勘定がゆるされたのは、それが掲載される学芸欄のスペースそのものがルーズにできていたからである。学芸欄は、一面下段に始まって、裏返した二面下段に続き、時には三面まで続いてゆくが、そのルーズなスペースが「適当に」埋まりさえすればよかった。ちなみにこうした連載小説の組み方は、読者が小説だけ切り取って冊子にできるようにとのサーヴィスである。この組み方ひとつをとってみても、新聞小説という発明がいかに文学を大衆化し、読書市場をひろげたかがうかがえよう。というわけで、メディアの書式設定といってもせいぜいルーズフィット程度のものであった。

言説市場をにぎわす興行師アレクサンドル・デュマ

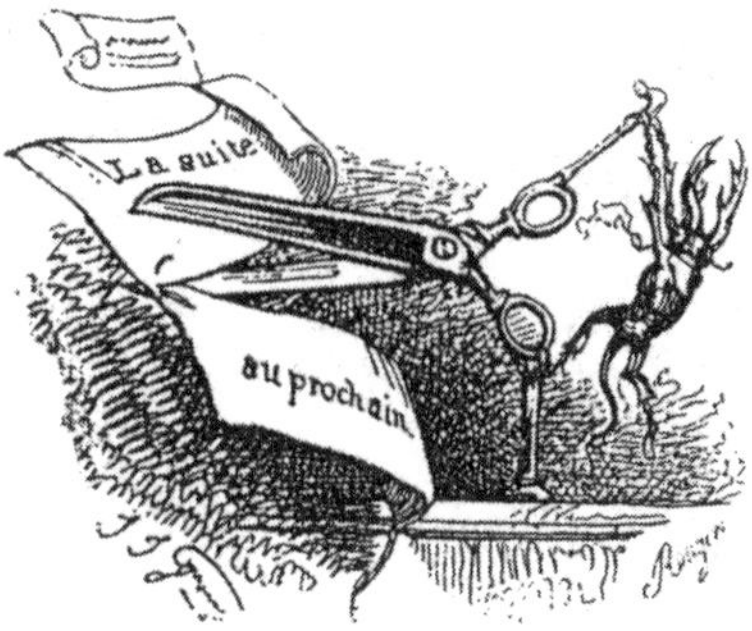

連載のスタイル「次号に続く」

こうしたルーズフィットであったから、細かい枚数や締め切りはとくに大きな制約を課したわけではない。むしろ問題は、連載という形式そのものにあった。連‐載とは、なによりまず「連」である。つまり、「次号に続く」である。連載小説は毎回見せ場がなければならないが、それ以上に読者が是が非にも「続き」を知りたくなるような箇所で終わらなければならない。「先は？」というまさにその箇所で宙吊りになり、「次号に続く」。つまり中断＝サスペンス。これこそ連載小説のヒットの鍵である。先に興味をもたせ、その興味を最後までつなぐストーリー性が決定的な役割を果たす。なにしろ読者は単行本とちがって、中途をすっ飛ばして結末を知るわけにはゆかないのだ。一回一回に煽情的《センセーショナル》な見せ場があり、しかも「次は？」で終わる。伝奇性と物語性。これこそ新聞連載というメディアにもっともフィットした小説スタイルであろう。

　デュマのものした数々のチャンバラ時代劇はメディアのこうした〈トレンド〉にうってつけの小説である。波瀾万丈、スリル満点のその活劇が読者にウケないはずがない。『三銃士』は『シエークル』紙の、『モンテ＝クリスト伯』は『デバ』紙の、いずれ劣らぬ大ヒット小説であった。理屈ぬきに読ませる面白さ、それが新聞連載小説の商品価値なのだ。みずからも新聞連載を試みたことのある小説家の小林信彦は、『小説世界のロビンソン』のなかで小説の物語性についてこう語っている。「もし、〈大団円〉の辺りのページが抜け落ちていたら、タクシーを飛ばして、夜中にあいている本屋を探しまわる」、読者をそうさせるのが物語ではあるまいか、と。なにがなんでも先が知りたい——そう思わせてこそ連載小説なのである。この連載が単行本にまとめられれば、「途中でやめられず」、「夜中にタクシーを飛ばして」でも大団円を知らずにはいられないということになるだろうが、はたせるかな、デュマの小説について、当時の批評は述べている。「デュマの作品は考えさせるだろうか？　いや、ほとんど考えさせない。夢を見させるだろうか？　いや決して見させない。ページをめくらせるだろうか？　そうだ、つねにめくらせる」と。

こうしてサスペンスに満ちて「続き」を待たせる小説、それが大衆好みの小説であり、もっとも売れる読みものであった。連載という形式は、文の興行師たちの小説スタイルに〈トレンドの号令〉を課したのである。

小説プロダクション

『プレス』、『シエークル』、『コンスティテュショネル』、『デバ』、当時、それなりの部数と質を誇った大新聞にひっきりなしに連載を続け、数えきれないほどの小説をものしてそのほとんどすべてをヒットさせたデュマは、まさしく新興ジャンルが成り上がったこの時代の小説世界のロビンソンのひとりにちがいない。だが、何といってもこのトレンドに乗って一躍スター作家に躍り出たのは、ウジェーヌ・シューである。一八四二年から一年間あまりにわたって『デバ』紙に連載された『パリの秘密』は、知られざるパリの下層民の暗黒の世界のピクチャレスクな描写と、その闇の世界にお忍びの身で出没する謎めいたプリンス、加えて迫害される可憐な乙女という筋立てで読者をうならせた。このヒット小説によって『デバ』紙が大いに部数を伸ばしたことは、すでに述べたとおりである。

翌年、このウジェーヌ・シューを『コンスティテュショネル』紙がひきぬく。ひきぬきの仕掛人は、雑誌『パリ評論』の編集長として連載というスタイルを発明した元祖ヴェロン。オペラ座支配人のポストに次ぎ、今度は『コンスティテュショネル』紙の編集長におさまったメディアの仕掛人ヴェロンは、一年間で一〇万フランという破格の契約料でシューをひきぬいた。現在の日本円に換算してなんと一億円の金額である。シューは『さまよえるユダヤ人』の爆発的ヒットによってこれに応えた。読者はむさぼるように読み耽り、続きを待ちかね、明日の新聞を今か今かと待ちこが

メディアの寵児ウジェーヌ・シュー

れた。新聞を置いてあった貸本屋では、列をなして殺到した読者が我先にと『コンスティテュショネル』紙を奪いあう。実際、『さまよえるユダヤ人』は、錯綜する人物関係、フランス、インド、シベリア、アメリカにわたる巨大なスケールとエキゾチスム、秘密結社の謎、善玉悪玉の闘い、残酷美をふんだんに盛りこんだシーンの煽情性、いずれをとっても連載小説のトレンドのことごとくを満たしている。錯綜する人物群の運命の糸を操る「五つのメダル」の謎は何なのか？　そして、その運命を見守る「さまよえるユダヤ人」とはそもいったい何者か？　スリルとサスペンスに満ちた波瀾万丈のストーリーに加えて、地上と霊界が交差する怪奇性をそなえ、荒俣宏の『帝都物語』を思わせるこの大長編は、連載小説の金字塔である。

　読者はしびれきった。『さまよえるユダヤ人』を読まずには夜も日もあけなかった。『コンスティテュショネル』紙の部数はこの連載によって三千五百部から一挙に二万三千部にまで膨れあがる。まさに驚異的な伸びである。シューのところには読者からの投書が相次ぎ、そして編集者が殺到した。要するにシューは〈シュー現象〉を巻き起こしたのである。一躍メディアの寵児となったかれは豪邸をかまえ、もちまえのダンディぶりを発揮して華麗な二輪馬車を乗りまわし、もっともトレンディなライターになった。エンターテイナーが欲しいメディアの市場にこれほどぴったりの才能《タレント》はなかったのである。

　シュー現象は、マスカルチャー現象である。ハイアートの文学界では巨匠ユゴーの率いるロマン主義花盛りの時代、大衆は単行本の『ノートルダーム・ド・パリ』以上にシューの新聞連載小説に

連載小説『さまよえるユダヤ人』を読みふけって鍋をこがす料理女
（グランヴィル画）

『さまよえるユダヤ人』に牽かれて部数を伸ばす『コンスティテュショネル』紙のカリカチュア（ドーミエ画）

しびれ、デュマのチャンバラ小説に耽溺した。むろんこの間には、当時の単行本がいまだ大衆の手に届かぬ贅沢品だったという事情が大きくはたらいている。平均して七フランという本の価格は、当時の労働者の二日分の日給以上の額だった。本という高価な商品を買うのはいまだ一部のエリートであり、大衆は新聞小説を読み耽ったのである。そして、その新聞とて、労働者の身にとって購読料四〇フランは決して安い額ではない。人びとは貸本屋につめかけ、あるいは一紙を五人から一〇人で回し読みしてシューの小説を貪ったのである。ということは、逆にいうなら、シューの読者は『コンスティテュショネル』の部数の五倍から一〇倍もいたということであり、少なく見積もっても読者の数はざっと一〇万から二〇万人にのぼる。一八四〇年代、ようやく百万をこしたばかりのパリの人口を考えれば、シュー現象がどれほどのものであったか、そのセンセーションの程がおしはかられよう。『ジェローム・パテュロ』が語っていたとおり、連載小説は文字どおり人びとの「毎日の欲求」となり、「なくてはすまされぬ消費物」と化したのである。

読者のこれほどまでの需要に応えるべく、新聞社はライターの確保に必死だった。とにかくウケる作家をひきぬいて量産させなければならない。学芸欄の繰り広げる「文の興行」はミューズを金に変えるインダストリーだったが、なかでも小説こそ金の中の金だったのである。そしてこのとき、文と金と名は因果な三位一体をなしている。〈名の物語〉の時代であるこの世紀、名は文に先立つものだった。すなわち新聞社は、文つまり作品ではなく、名を買ったのである。もちろん、トレンディな名を。作家の「名の値段表」を作成したジラルダンは、ここでもまたかれならではの名言の数々を残している。

前に述べたように、圧倒的な量産を誇ったデュマは下請けライターを抱えた「文学工場」、今風に言えばデュマ・プロダクションと噂されたものだが、デュマが共作者をもっていたのは事実である。けれども、複数の作者の手になるその作品は、たんにデュマとしか署名されなかった。その理由を、ジラルダンに語らせよう。「アレクサンドル・デュマという署名のある新聞小説なら、一行三フランの値打がある。だが、デュマと誰々という署名では、三〇スーの値打しかない」。あるいはジラルダンはまた、ゴーチエにむかってこう言ったとも伝えられている。「君たちはみな偉大な作家さ。そりゃ、まちがいない。だが、君たちでは購読者を十人ひっぱってこれるかどうかあやしいものだ。問題はそこさ」。というわけで、デュマをめぐり、当時の言説市場に次のようなディスクールが流通しても不思議はなかった。「下らない芝居の広告、なんともしれない本屋、三文文学の製造会社、どこをみわたしてもデュマの名を見なかった者があるだろうか？　デュマ氏が自分の署名で出版されるものを全部自分で書いたり、口述したりすることは物理的に不可能である」。

こうして、新聞社はテクストをうけとる以前に支度金というかたちで作者を買い取っていた。作家の側から言えば、前払いをうけるかわりに契約履行の義務を負ったわけである。ということは、契約と履行のあいだに時間的ずれがあるということだが、事実、このずれは少なからぬ悶着沙汰をひきおこした。契約期日が来ているのに、待てど暮らせどいっこうに原稿が届かないという、現在でもよくある言説市場の一シーンだが、こうしたシステムが初めて出現した当時、その遅滞は一年とか二年といった長期におよび——断っておくが、単行本でなく、新聞連載の話である——あげくに訴訟沙汰にまで発展するケースも少なくなかった。たとえばこのデュマもまた例外でない。一八四七年一月、デュマは『プレス』と『コンスティテュショネル』の両紙から訴えられていた。かけもち連載の両方を、デュマは海外旅行ですっぽかしたのである。一八四七年二月の『パリ便り』は、『プレス』紙のスポークスマンとしてデュマを非難する文を掲げている。「問答無用、われわれはアレクサンドル・デュマを攻撃する」と。

だがその『便り』が面白いのは、そう言いつつ、実は小説家デュマ擁護の弁を展開しているからである。それというのも、驚いたことに、デュマはその訴訟で法廷に立ち、みずから弁護人の役を果したのだ。結果としてデュマの敗訴に終わり、両紙への契約履行と三千フランの損害賠償金支払いを命じられる始末だったが、『パリ便り』が非難しているのは、その法廷でみせたデュマの態度の「謙遜さ」であり「卑屈さ」なのだ。『便り』は語っている。

われわれはデュマ氏をすこぶる傲慢な人物だと思っていた。ところが氏はなんともはや謙遜なひとであった。自分のことをまるで一製造業者のように語るのだから。自分のものした作品の驚異的な量、かれの自慢の種は、ただそれだけにつきている。デュマの構えときたら、まるで七マイルもある羽根ペンで書く巨人の見世物まがいだ。

いやしくも大芸術家であり、詩人であり、『ゴーロワとフランス』の歴史家、『シャルル七世』

の作者、『クリスティーヌ』と『カリギュラ』の作者たるデュマが、である。かれはみずからの何者たるかを忘れているのだ。もはやおのれの内で感嘆すべきは量と速度あるのみと思っているとは。作品の質などいっこう気にもしていない。（……）第一級の芸術家でありながら、みずからを新聞小説製造者などと称するのは謙遜にもほどがあり、われわれがアレクサンドル・デュマにたいして、その不遜さにもかかわらず、何ともいえぬその卑屈さを非難するのは当然ではなかろうか。

おわかりのように、ジラルダン夫人はデュマを非難しつつ、〈芸術家〉デュマの擁護をしているのである。デュマにかぎらず、『プレス』がかかえた他の多くの新聞小説「製造者」たちとジラルダンとのあいだには始終「契約」をめぐる――つまり文の売買をめぐる――いざこざが絶えなかった。そのたびにジラルダン夫人はとりなしの労をとる。ジラルダン夫人の陽気であたたかい笑顔の絶えない芸術サロンは、『プレス』への寄稿作家たちをあやし憩わせる場であり、ジラルダン夫人は、〈文の興行師〉と〈芸術家〉をつなぐミューズであった。デュマについてもまた彼女は、新聞と芸術をつなぎ、メディアの市場の中の言説を芸術の高みにひきあげるディスクールを展開しているのである――事実この『パリ便り』のライターは、終生かわることなくロマン派のミューズでありつづけたのだ。

それにしても面白いのは、この『便り』がそうして芸術家デュマを擁護しつつ、その文学的天分を語るのに「蒸気機関車」のメタファーをもちいていることである。デュマの執筆の驚異的なスピードを語って、『便り』は言う。「かれの創作のスピードは鉄道の蒸気機関車のスピードに似ている。いずれも同じ原理にたち、同じ原動力を有している。すなわち、デュマも機関車も、途方もない困難に打ち勝った技量をそなえているから、これほど楽々とすばらしい快速で走れるのだ」と。目にもとまらぬスピードは、蒸気のエネルギーのように、内に蓄積した長年にわたる学識と努力の爆発の成果であり、その爆発力のすさまじさが、読者の目にはたんなる超スピードとして映るにすぎない。「デュマによって書かれた一巻一巻が途方もない勤勉と果てしない研究と諸事万端にわたる学習のあらわれなのだ」。

たしかにジラルダン夫人の言うとおり、無学の青年から出発しつつ歴史の研鑽に励んだデュマは、労働によって無一文から成り上がる〈私生児〉たちの時代の生んだ典型のひとりであり、素性いかがわしい小説という新興ジャンルの生きたメタファーであり、まさしくこの時代の芸術家そのものである。だがそれにしてもデュマのその才能が「蒸気機関車」にたとえられるさまは、小説とインダストリーの仲の良さを想起させてあまりあるというものであろう。はしなくも『便り』は、芸術家デュマを擁護するつもりで時代の真実を語りだしているのだ。まったくのところエクリチュールという文の生産（プロダクション）は、スピードと量産が問われるインダストリーにほかならず、小説という現象は隅から隅までインダストリーと結ばれ、切っても切れない縁で労働と結ばれている。

スタイルの決闘

デュマに劣らずインダストリーを誇った小説家、それは何といってもバルザックである。筆一つで「富と名声」の征服に乗り出したかれは、まさしく「小説世界のロビンソン」そのものであった。若き日、デュマ・プロダクションで働く匿名ライターと同様のエクリチュールの労働に従事し、その辛酸も知りつくしたバルザックは、まちがいなく新聞雑誌の連載によって印税のほかに原稿料をうけとれるシステムの生誕で大いに得をした作家のひとりである。デュマの相次ぐ成功と一大センセーションをひきおこしたシュー現象によって新聞小説が全盛期をむかえた四〇年代、バルザックは文学の市場で一万フラン（シューの一〇分の一）以上の契約料をもらえるほどのネーム・バリューはすでに勝ち得ていた。

けれども、『パリの秘密』と『さまよえるユダヤ人』がパリを席巻したシュー現象は、バルザックの「名の価格」の低落をもたらした。どこをむいてもシュー人気一色のその頃、いうなればバルザックはもはやトレンディな作家ではなかったのである。もとはといえば雑誌の頃から連載小説の草分けであったこのバルザック、スコットが流行れば歴史小説を、ホフマンが流行すれば幻想小説をという具合にメディアのトレンドをそつなくこなし、長、中、短、どのようなサイズにも応じうる才能の持ち主であった。そのタレントぶりは、たとえば三〇年代、『パリ評論』の編集長がバルザックにあてた次のような手紙にもありありとうかがわれる。

近いうちにまたうちの雑誌にお戻りください。大長編、中編、短編、夢幻譚、幻想譚、ダンテ節、バルザック節、なんなりと担いでいらしてください。『パリ評論』はいつでも先生なら大歓迎です。そのうちいつか小社の手でオプセルヴァトワール広場に先生の銅像を建てさせましょう……。

十年前にはこれほどの売れっ子ぶりを誇ったバルザックだったが、流行のトレンドの号令は非情である。シュー旋風の後のバルザックは、しいて言うなら流行遅れの文豪というイメージであった。メディアの市場の要求する小説スタイルをこなしながらも、バルザックはすでに自分の文体とスタイルをもはや確立していたのだ。かれの読者にとってはおなじみのあの作品冒頭の長々しい「もの」の描写――頭からドラマに入ってゆかず、ドラマの構成要素を周到に敷きつめていって、いったんドラマが始まるや、怒濤の勢いで結末になだれこんでゆくバルザック式小説スタイル、あの永遠の『人間喜劇』のスタイルをかれはすでに確立していた。けれども、モードの書式設定はつねに〈今ここ〉であり、永遠不滅とは縁がない。不滅の『人間喜劇』を構築中のバルザックは、連載小説全盛の時代のトレンドから取り残された格好だった。

たとえばデュマの強みはなんといってもドラマチックなそのスタイルにある。演劇から出発したデュマの小説は、見せ場、アクション、幕開きと幕引きといった、芝居のエンターテインメントの要素をことごとく満たしていた。だがバルザックのスタイルはそれほど直接に演劇的でもなければ視覚的でもない。物語性ということでいうなら、もともとバルザックは天下一品のストーリーテラーである。バルザックに欠けていたのはむしろ、一回ごとに見せ場がなければならないという〈均等割り付け〉であった。そして自分のそのスタイルを崩すには、バルザックはあまりにもバルザックでありすぎた。要するに、かつてはひっぱりだこの身であった売れっ子作家バルザックは、今ではこちらから持ちこみをやり、買いたたかれる身になっていたのである。メディアの市場の中で「名の値段《ネーム・バリュー》」が下がっていたのだ。当時のバルザックの書簡をめくってみると、デュマへの嫉妬、とりわけシューへの嫉妬のことばに事欠かない。

だが、不滅の傑作という「夢の島」とともに「不滅の借金」を背負ったバルザックは、とにかく何がなんでも稼がねばならない。おりしも往年の夢であったハンスカ夫人との結婚が実現しそうな成り行き。名門貴族の夫人との結婚は、ほかでもない〈名の征服〉である。このロビンソンは、自分の島の構築を、富の力で支えねばならぬ――それも、エクリチュールという労働ひとつの力業によって。しろうと作家シューのにわか人気を往年のプロの腕前で凌駕してみせねばならぬ。自分自身の興行師の苦労を綴った例の「ハンスカ夫人への手紙」には、このロビンソンの決意のほどが記されている。

……シューの商売、やつの二つの作品がひきおこした嵐のため、私にのしかかっている価値下落を耐えることもできませんし、耐えるべきでもなく、耐えたいとも思いません。私は、文学的成功によって、一言でいえば傑作でもって、シューの凡庸な作品は、暖炉の前の衝立程度のものにすぎぬということを見せつけてやりたいのです……。

流行作家シューとの対決。バルザック最晩年の『貧しき縁者』二部作『従妹ベット』『従兄ポンス』はこうしたトレンドとの対決から生まれた小説である。『さまよえるユダヤ人』がシュー現象を極めた『コンスティテュショネル』紙、その同じ紙面で今度はバルザックが連載を開始する。「何としてでもシューに勝ってみせる！」――すでに自己の小説スタイルを確立した晩年の小説家が時代のトレンドと対決するこのシーンは、まさに小説を地でゆくスリル満点の〈スタイルの決闘〉である。老文豪奮戦記。バルザックが『従妹ベット』の連載経過を刻一刻と書き綴ったハンスカ夫人への書簡は、この戦闘のドキュメンタリーであり、そこには、単行本で結果だけを読んだのでは到底わからないテクストの生産過程の痕跡が生々しく伝えられている。

そこにあるのは、勤勉な〈島〉の生産様式である。ロビンソンの漂着したあのノーマンズ・ランド、それは、インダストリーによって征服すべき白紙の土地であり、セルトーが言うように、エクリチュールの征服の跡が刻まれてゆく白いページである。バルザックの奮戦記は、文字どおり「書くという労働によって成り上がる」ロビンソンの征服記にほかならない。

白いページを黒いインクで満たしてゆく労働。このとき〈黒〉は生産力のメタファーである。とにかく連載はスピードを要し、エンジンが要る。つまり書くことは「蒸気機関車」のインダストリーなのだ。はたして連載の半ば、開始から一月後の書簡に、「私は蒸気機関車のように走っています」とのことば。デュマといいバルザックといい、まことに小説はインダストリーの申し子にほかならない。だがデュマが幾多の黒子をかかえたプロダクションだったとすれば、対照的にバルザックのほうは一人何役の〈自営業〉だった。なにしろ身の回りの世話をする召使い一人をのぞき、契約交渉から何からすべてを自分で一手にとりしきる独身者なのだ。おまけに借金取りの催促から逃れるため逃げ隠れする身の上、時間の使い方も世間様とはあべこべになる。あれやこれやを考えあわせれば、バルザックの生産マシーンぶりは蒸気機関車の比ではない。それというのも、シューとの決闘に臨んでさえ、バルザックは最後まで自分の生産スタイルを崩そうとしなかったからである。

〈島〉の生産様式

バルザックの生産様式――それはかの名高いゲラとの闘いである。他の新聞小説作家の例にもれず、バルザックもまた契約履行をめぐるトラブルの絶えない作家としてトップクラスをいった作家である。むろんそれは文の興行師と文の買い手との間のトラブルだが、バルザックの場合、そのトラブルが紛糾する原因はかれのテクスト生産のスタイルが大きな要因として働いている。なにしろバルザックのテクストはいつも予定を越えて膨れあがってゆく一方なのだ。ゲラに次ぐゲラ、その校正のたびにバルザックは書き直し、書き足してゆく。しかもその校正は一回や二回にとどまらず、時には二桁の回数にとどくことも稀ではない。時間がかかりコストもかかるこの生産スタイルがいかに連載に不向きだったか、うかがえようというものである。けれども、まさにそのスタイルこそバルザックの小説技法であり文体の秘術であった。量産と能率が問われ、文が計り売りされたこの「文の市場」にあって、バルザックはまさに「質」を落とそうとしない小説家だったのである。

たとえばバルザックの仇敵デュマ〈プロ〉は、この点でも対照的なコントラストをみせている。アンドレ・モーロワの語るデュマのエピソードは、文の興行師たるかれの生産スタイルを伝えてあまりある。あるときデュマは自分の『三銃士』の一箇所をいじり、削除していた。なぜか？「行」払いをいいことにむやみに会話文を増やしてゆく〈興行師〉たちのやりかたに業を煮やしたジラルダンが、規定を変え、一行の半分に満たない文章は一行と認めないという決定を下したからである。そこでデュマは、金にならなくなった会話部分を、会話専用の登場人物もろとも削除していたのだ……。

エピソードの真偽のほどはともかく、バルザックはこのスタイルと正反対だった。かれは、掲載メディアの強いる書式設定を無視して、自分のテクストの生産様式を貫きとおす。この小説家は、苦戦を覚悟でスタイルの決闘におよんだのだ。その決闘の奮闘ぶりを『従妹ベット』につきつつ具体的に追ってみよう。

テクストという島をつくりあげるこの小説家の仕事は、文字どおりロビンソンの無人島に身をおくことから始まる。書斎という自分だけの島に籠城するのだ。ツヴァイクの伝記が生き生きと伝えるように、バルザックの仕事は真夜中に始まる。カーテンを閉めきり、外界との接触をいっさい断ち切った夜の孤島。その隔絶した空間こそ、留まることを知らぬペンの機関車が走ってゆく白い土地である。バルザックはペンの疾走を妨げる環境では決して仕事ができなかった。このプロ作家は我とわが身を工房に閉じこめるカンヅメ作家だったのである。そして、その工房で働くかれが身にまとうのは例の質素な僧院服。この僧院服こそかれの勝負服であり、労働着以上にむしろ戦闘服であった。

そうして孤島にたてこもり、用紙、ペン、インク、すべての道具一式をそろえ、準備万端、すべての就業儀式が終わると、いざ戦闘開始である。準備された白紙が見る間に黒いインクで覆われてゆく。一〇枚、一五枚、二〇枚……走り出したペンは止まることをしらず、一瀉千里、白い土地を機関車が猛スピードで駆け抜けてゆく。八時間、九時間、時には一二時間、一三時間……。白いページをひたすら黒いインクが満たしてゆく。このロビンソンの勤労を助けるもうひとつの不可欠な道具、それがまたしても「黒い」液体、コーヒーである。シヴェルブシュの「コーヒーとプロテスタンティズム

勤労着「僧院服スタイル」のバルザック

バルザックの仕事部屋。机上に愛用のコーヒー・ポット。

の精神」が喝破しているように、悦楽の液体チョコレートに代わって登場したコーヒーは根本的にブルジョワジーの勤労の霊液である。激濃コーヒー中毒患者のバルザックはまさしくインダストリーの世紀の申し子であり、書くという労働による世界制覇をもくろむロビンソンであった。インクとコーヒーと。二つの黒い液体による白い土地の征服。それがバルザックの〈島〉の生産様式であった。

そしてその生産のなんたる量！　というのも、バルザックがそうしてひた書きに書く原稿は、ほんの下書きにすぎないのだ。かれはそれを直ちに印刷屋にまわし、棒ゲラに組ませて届けさせ、そのゲラにむかって再度戦闘を開始する。ゲラまたゲラの連続である。バルザックはシューとの決闘におよんでも、この生産様式を頑として崩さなかった。一八四六年一〇月八日から約三ヵ月間、三八回にわたった『従妹ベット』の連載奮戦記は壮絶を極めている。

『『ベット』の始めの棒ゲラ八〇葉〔裏表二頁〕を訂正するのに夜の七時間かかったところです。これから（書くのと校正を）もう八〇葉やらなければなりません」「もうあと一三回、原稿と校正をやっつけます」「原稿はどんどん走り続けています……あと七〇葉書かねばなりません」「あと四四葉……」「昨日、一九時間働きました。今日は二〇時間か二一時間働かねばなりません」「終えるのにもうあと三六葉……健康を賭して金を稼がねばなりません」。

あと何葉あと何葉の原稿と校正……。最後の最後までバルザックは自分の島の生産様式を崩さず、ロビンソンの勤労によってこの決闘に打ち勝った。連載開始十日後、早くもバルザックは戦勝の声をあげている。「華々しい成功です」「私は勝ちました！」。そして連載の完結間近には、高らかな凱旋の声。「シューもデュマももう駄目になりました。いまや私の独壇場です」。

たしかにかれの言うとおり、毎回「続き」を知りたくなる『ベット』は読者の人気をさらった。五人の男を手玉にとって破滅させる美貌の娼婦とその陰謀を裏で操る醜い老嬢ベット、風俗描写はたっぷり、スキャンダラスな見せ場はふんだん、美と醜のコントラストに富み、人物が錯綜しつつ一途結末の破滅にむかってなだれこんでゆくこの小説は読者を堪能させた。もともと「先」を待たせる物語性にかけては誰にもひけをとらぬバルザックである。それに加えて各シーンに起伏がある『ベット』は、連載という書式設定がうまく功を奏した作品の典型であろう。〈天才〉バルザックの大言壮語癖を割り引いたとしても、たしかに『従妹ベット』は小林信彦も言うとおり、文句なしにバルザックのもっとも「おいしい」小説のひとつである。

黒と白

時代のトレンドを超え、メディアの市場の中の一興行であることを超えるテクストはいったい何であり、つかの間の時のモードに消えゆくテクストはいったい何であるのか——はたしてシューのテクストはバルザックのそれより偉大でないのか。スタイルの決闘の顚末記を追ったわたしたちは、それゆえにこそこの本源的な問いにさらされるが、少なくともわたしたちが確認できることは、書くという作家の仕事、そしてそのスタイルはそっくり時代の産物なのだということ、「文体」なるものは決して抽象的に作家の脳中に在るものではないということであろう。テクストは徹頭徹尾テクストの〈外〉を欠いて生産されることはありえないのだ。

ちなみに、バルザックがこうして奮戦のあげく書きあげた『従妹ベット』という小説は、『従兄ポンス』と並んで「黒い傑作」と呼びならわされている。ブルジョワジーの制覇にかげりが見えはじめ、やがてくる二月革命を二年後にひかえた時代、ナポレオンの征服に酔ったみずからの時代の黄昏を予感したバルザックの終末感を指してのことだが、沈みゆくナポレオンの〈赤〉の後を指すこの〈黒〉のメタファーを、さらにその後に来る〈白〉と対比して語ることもできるだろう。そう、蒸気機関車のインダストリーの黒の時代が終わる時、そのとき白の時代が始まるのだ。

バルザックの島の生産様式は、白いページという主体の「固有の場所」で、書くという労働がひとつの秩序＝テクストをつくりあげ、世界の人工物（アルトファクト）を構築してゆく実践である。近代のエクリチュールを語ってセルトーがいうように、白紙を黒で征服してゆくそのテクスト生産の工程は、既成の世界からいったん身を引き離したうえで世界に働きかける、「工場」の生産過程とまったく変わらない。その島からでてくるテクストは、語のまったき意味でインダストリーの〈製品〉である。

能産的な、ひたすら能産的なブルジョワジーの征服の意志。インダストリーの世紀は、書くことによって成り上がる無数のロビンソンたちを生みだし、おびただしい数の小説という書物を〈開いた〉。白紙のページは身分からフリーになって「歴史を書きかえる」ブルジョワたちの可能性のメタファーであり、黒いインクの疾走はかれらのリニアーな上昇志向をそっくり伝えている。「富と名声」をめざして軌道をひた走る黒い蒸気機関車――島にこもってひたすら小説という製品を製造しつづけた平民作家バルザック、我が名の市場価格の低落に憤怒の念を燃やし、同じメディアの市場で、にわか売れっ子作家シューに決闘を挑んだバルザックは、隅から隅まで〈市場の中の芸術家〉であった。

そうして小説という書物がいっせいに開き、黒のインクのスピード競争が騒々しく言説市場をにぎわしてからほぼ半世紀、世紀末文化が花咲くとき、インダストリーの開いたその書物が身を〈閉じて〉ゆく。その時もはやエクリチュールは世界に働きかける能産性のあかしでもなければ、リニアーな進歩発展のあかしでもない。書物は世界との熱い連関を失って、自己の内に身を閉ざし、何ものをも映しださぬ空虚な島となって冷たい虚空に浮かびあがる。そのとき、白と黒とのメタファーが反転をとげる。白はもはや可能性の白いページならぬ、不可能の白、虚無と非産の白と化し、黒いインクはもはや線を描かず、点を描いてゆく。虚空にかかるその希少な黒い点の跡が、空虚な地の〈白〉を鮮やかに現出させるのだ。黒から白へと、充溢から空虚へのスタイルの反転。そのとき〈島〉はもはや征服の拠点、小説家という成り上がりの可能性のトポスであることをやめ、エクリ

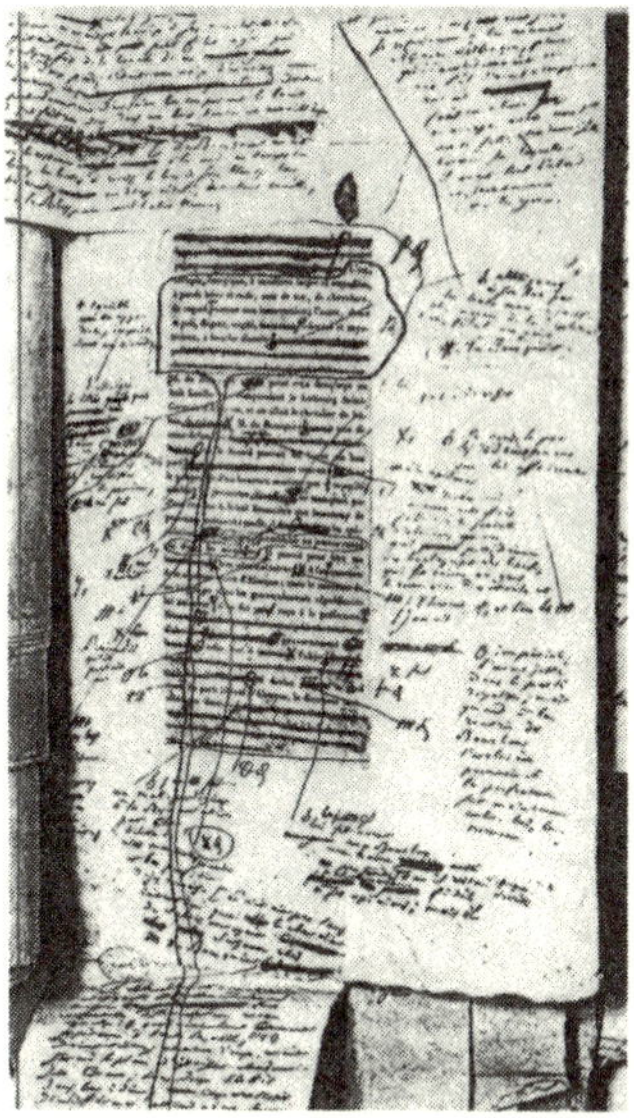

バルザックの生産様式。草稿を棒ゲラに組ませ、そのゲラを大きな紙にはりつけた後、修正・加筆してゆく。余白がたりなくなるとさらに紙をはり足して書きこんでゆく。

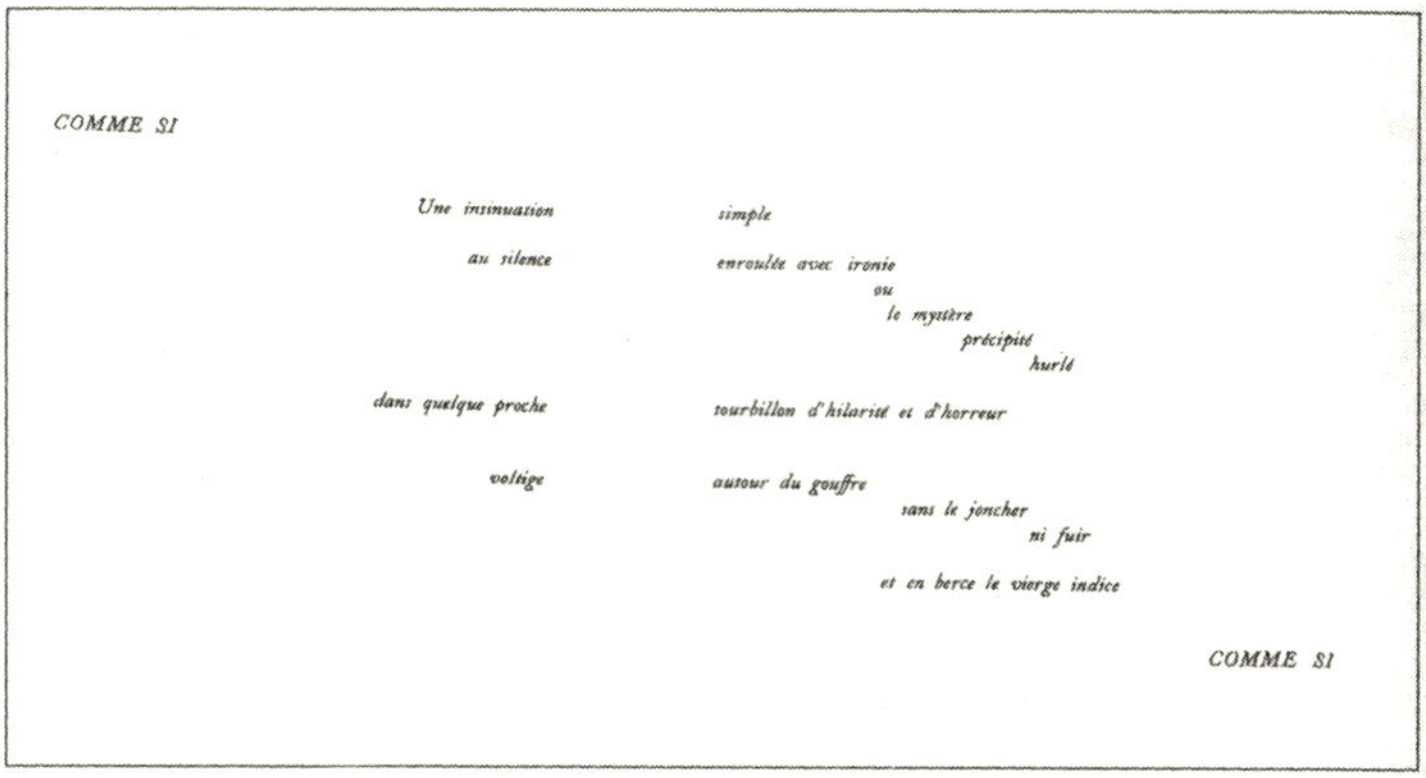

COMME SI

Une insinuation simple

au silence enroulée avec ironie

ou

le mystère

précipité

hurlé

dans quelque proche tourbillon d'hilarité et d'horreur

voltige autour du gouffre

sans le joncher

ni fuir

et en berce le vierge indice

COMME SI

白のエクリチュール（マラルメ『骰子一擲』）

チュールが果てしなく自己自身を紡いでゆく〈流刑地〉と化すことだろう。熱いインダストリーの仕事場の喪の作業。

フロベールをへてマラルメに至るこのエクリチュールの反転、黒から白への移行のプロセスは、書物の市場化が常態化して意識の表層から遠ざかってゆく過程でもある。ペン以外に稼ぐ糧をいっさい持たなかったバルザックは生涯〈文の興行師〉であり自分自身の興行師であらざるをえなかった。年金生活者のフロベールは友人マクシム・デュ・カンの雑誌に原稿をおくりつけさえすればすんだ。書物の流通過程の苦労はかれのあずかりしらぬことである。マラルメは中学校の教師だった。かれらの名高い文の推敲、その「白紙の苦悩」の幾ばくかは、売文「興行」の苦労の欠如の賜物でもあったのである。

6

「言説市場」繁盛記

もうひとつの興行師「書籍商」

白の時代。それはまた、五〇年代に始まるオスマンのパリ改造とともに大々的なブールヴァールが貫通し、鉄道網が伸び、駅やデパートといった〈群衆〉のトポスができあがってゆく時代であり、消費都市パリのインフラストラクチュアーが形成されてゆく時代である。そうした時代の様変わりとともに、本もまた廉価な商品となってゆき、人気作家の小説の「続き」を知りたい読者の群れが新聞を求めて貸本屋につめかけるといった光景は、しだいにレトロなシーンになってゆく。一八五二年、アシェット書店が駅のキヨスクで廉価本の販売に乗り出す。以後、列車の中でひとり本を読むという情景が見うけられるようになり、読書市場は飛躍的発展を遂げてゆく。今日わたしたちが本屋と言うときにイメージする書店らしい書店が店舗をかまえ、消費市場に確固たる地歩を占めてゆく時代の到来である。

新聞のほうはといえば、ジラルダンが築いたさしもの新聞帝国にもやがてピリオドが打たれる日がやってくる。むろん広告収入で製作コストをまかなうというジラルダンの発明は今日に至るまでゆるぐことなく定着しており、輪転機開発の先導とあいまって、新聞王ジラルダンがメディアの歴史に永久に名を残す人物であるには変わりない。だがテクノロジーに賭けたこの男は、やはりテクノロジーに追いこされることになる。ここでテクノロジーというのはイラストのことだ。

一八四四年、イラスト新聞『イリュストラシオン』が創刊される。文字情報にかわるイラストの誘惑は大きかった。このイラストがやがて写真にとってかわられるわけだが、写真新聞の時代が到来する以前に、ジラルダンは決定的な敗北を喫することになった。ほかでもない、自分自身のコンセプトによって――すなわち大量生産・大量消費というかれのコンセプトがかれの実現した規模をはるかにうわまわって実現される日がやってくるのである。一八六三年、一部一スーの『プチ・ジュルナル』が生誕する。廉価なうえにも廉価なこの新聞は、たちまち飛躍的な部数の伸びを記録し、二年後の六五年には早くも二六万部、世紀末の一八九〇年には百万部の大台を突破してゆく。そしてこの大衆新聞にあっても新聞小説は読者にとってあいかわらず「なくてはならぬ消費物」でありつづけた。つまり乱暴に言ってしまうなら、ジラルダンの創始したメディアの市場はジラルダンのコンセプトのままに発展し続けることによって、その生みの親を越えてゆくのである。

新聞や本といった活字メディアをはじめ服飾品にいたるまで、デパートという大商空間に象徴されるマス・マーケットが続々と開発されていった第二帝政期は語のあらゆる意味でフェアの時代であり、オッフェンバックのオペレッタのリズムに乗って「いざや楽しめ」と奢侈の花が咲き、オートクチュールの創始とともにモード都市パリの神話が世界にはせる時代、〈美熱〉に浮かれる今日的な消費社会誕生の時代である。

その消費社会の幕開きをまえにしながら、「生産」にはげんでいたロビンソンたちの蒸気機関車は、文の興行師たちのさまざまな芸を繰り広げてみせてくれたわけだが、白の時代の到来以前、インダ

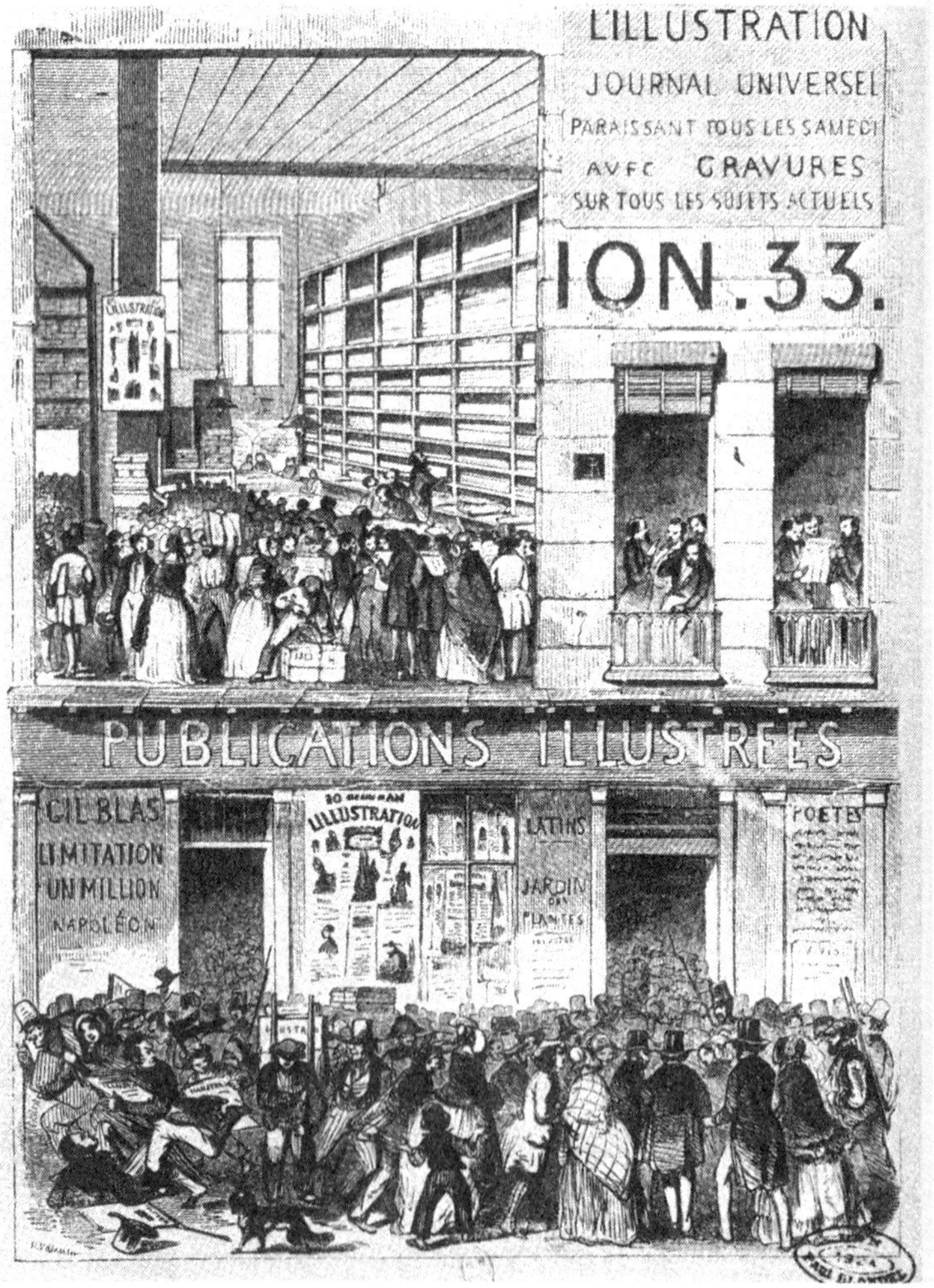

『イリュストラシオン』社屋（1844 年）

ミシェル＝レヴィ書店の活況（1861年）。第二帝政期以降、出版社は独自の販売網を開拓して書店としての陣容を整えてゆく。出版産業の繁栄にともない、読書マーケットも飛躍的な発展をとげる。

ストリーの黒の時代には実はもうひとつの〈文の興行師〉たちがもうひとつの機関車でスピード競争をきそっていた。かれらの名は、ほかでもない出版業者。当時の呼びかたに従うなら書籍商である。新聞小説はたしかに巨大な文の市場ではあったものの、だからといって単行本が出回らなかったわけではない。むしろ事態は逆であり、新聞小説の売れっ子の作品は、むろん単行本になっても良く売れた。つまり「芸術の市場への引き渡し」が行われた十九世紀、文を買い上げる「買い手」は二通りあったということである。

新聞ジャーナリズムとならぶこのもうひとつの文の買い手、現代的に言うならそれは出版社であり、あるいは編集者だが、ロマン主義の時代、かれらはひっくるめて書籍商と呼ばれていた。というのも、編集、企画、製作、営業等々、今日的な出版産業を形成するさまざまな業種はいまだ未分化であり、出版業が今日みるような産業として成立し定着する以前の状況だったからである。いいかえれば当時の書籍商たちは、かれらもまた無から成り上がろうとするロビンソンたちの群れだったということだ。新聞界のナポレオンを生み文学のナポレオンを生みだした時代はまた、出版界のナポレオンをも生んだ時代だったのである。機関車がそのエネルギーをフルに発揮できれば、ひとはナポレオンになれる――ということの裏側は、もしナポレオンになれなければ無一文の身に舞い戻るということである。

事実、二〇年代から四〇年代にかけて、ロマン主義時代の出版業は不安定を極めていた。金融相場がはなはだ不安定だった当時の出版史をふりかえってみると、破産に次ぐ破産の歴史といっても過言ではない。王政復古時代には一年間に数十件の破産があることもめずらしくなく、続くルイ＝フィリップ時代も多かれ少なかれ事情は変わらなかった。一冊の本を出版することは書籍商にとって文字どおり「資本を賭ける」ことを意味したのである。かれらにとっては、ひとつひとつの企画が冒険＝リスクにほかならず、書籍商もまた文に賭ける〈興行師〉であったのだ。十九世紀の言説市場のにぎわいをみてきたわたしたちは、その市場の大きな一角を担った書籍商たちの活躍ぶりも見届けておくべきだろう。かれらの興亡のありさまは、また別の面から十九世紀の「言説市場」虎の巻をあかしてくれる。

メーカーの事情

さて書籍商という名のかれらは、文の買い手である。新聞メディアが一行いくらで文を買っていたとすれば、書籍商はひとりの作家のテクストをそっくりまとめ買いにし、原稿という原材料に加工をほどこして市場むけの〈製品〉にしたてあげ、売りに出す。まさしくかれらは本という商品のメーカーである。作家という文の売り手と書籍商という文の買い手――この二者の共同制作になる商品が本にほかならない。この共同制作の過程は、現代的に言うなら編集作業だが、この「編集」なる作業の内実とコンセプトが歴史上はじめて登場してくるのが、実は十九世紀中葉のこの頃のことなのである。

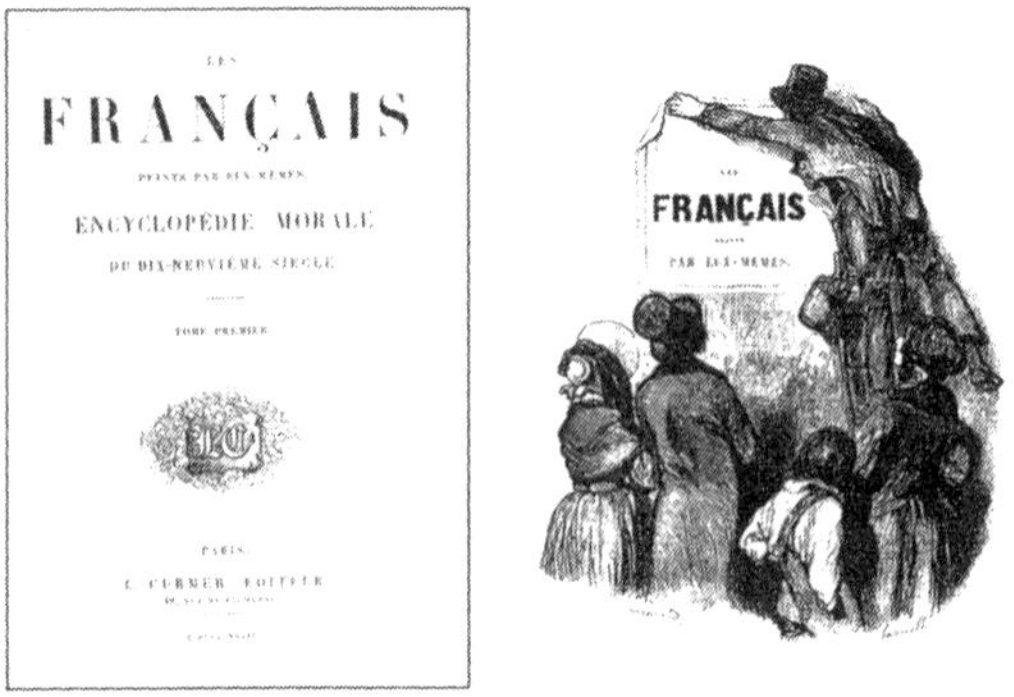

キュルメール編集＝出版になる風俗スケッチ集『フランス人の自画像』（1840-42年）　第1巻の中表紙と扉絵。

街の呼び売りから警察官から浮かれ女にいたるまで、時の風俗を織り成すありとあらゆる人物像と職業をスケッチしたイラスト本として出版史上に名高い本に『フランス人の自画像』九巻本（一八四〇―四二年）があるが、面白いのは、その最後のほうの項目に「編集者」なる職業がはさまれていることである。本の出版を手がけた書籍商の名はキュルメール。かれについては後にもまたふれるが、この書籍商キュルメールはまさに編集なる仕事の何たるかを理解し、そこに「自分自身の自画像」を描かせたのである。実際、「編集者」という職業の成立は描かれるに値する新しい〈現象〉だったのだ。そこに書かれた文章は、ライターと編集者という二者の関係――文の売り手と買い手として対峙しつつ、市場に商品を届ける前にいやでも手を携えて協力せざるをえない二者の因果な関係を明記していて興味深い。

その文はまず「編集者への賛辞」から始まっている。「編集者！　才能にとって導き手とも支え手ともなる恐るべき力！　不滅性への扉を開く魔法の皮……」「編集者、汝はわ

製本作業場（1867 年）

製本作業を終え、発送をひかえて出版社の倉庫に納められる本

れわれ作家たちの摂理なり」と。だが肝心なのはその先だ。「だがしかし」と、書き手は先を次のように続けている。「しかしながら、汝編集者は、われわれ作家がいなければ無にひとしい。（……）たしかに汝はわれわれの栄光を産み落としてくれるにはちがいない。しかし汝はその栄光の対価を蔵にしまいこむのだ。汝はわれわれの名声を輝かしむる太陽ではあるが、貪欲な汝の光は、われわれが掘りだす鉱脈の金属の流れを呑みこんでしまう」。

「不滅」といい「栄光」「名声」といい、まさにロマン主義時代の言説市場のキーワードで書かれた文だが、この文は二つの〈文の興行師〉の関係を明記してあまりある。作家は文を売って「名声」を得、編集者＝書籍商は文を買って「金」を得る。もちろん名声と金とは正比例する。したがって、文章が続けて語っているとおり、この二者は「同じ運命にくくりつけられた」運命共同体であり、「別れたくとも別れられない」因果なカップルであった。その因果な関係が作家の側にどのような苦労を強い、どのような怨懣を抱かせたかは前にみてきた。ここでみたいのは書籍商＝編集者の側が負った苦労、そしてその苦労が報われた場合の成功であり、つまりは書籍商という名の本のメーカーの側の事情である。

これらブック・メーカーというもうひとつの文の興行師たちの列伝を記してゆけば、優にそれだけでまたもう一冊の〈ロビンソン漂流記〉ができあがるにちがいないが、当時の言説市場のありさまを雄弁に物語る書籍商をとりあげてみよう。たとえば文の売り手の方でシューが〈現象〉であったように、買い手＝メーカーの側で時代の現象となった人物といえば、バルザックの『幻滅』に描かれた書籍商として名高いラドヴォカがさしずめその筆頭である。バイロン旋風から始まったロマン主義は、海峡をわたり、シャトーブリアン、ラマルチーヌ、ユゴーなどフランス・ロマン派を輩出してゆく――繰り返すまでもなく、それがこれまでの〈文学史〉の常識だが、このロマン主義文学を世に出した書籍商がほかでもないこのラドヴォカである。かれというブック・メーカーなくしてフランス・ロマン主義はなかったと言っても過言ではない。文字どおりラドヴォカはロマン主義文学の仕掛人として文壇に君臨し、出版界のプリンスと謳われた――プリンスなきこのブルジョワジーの時代は、それほどまでに素性いやしいプリンス輩出の時代だったのだ。農民の出でありながら一躍流行児となって豪奢な生活を送り、モダン都市パリの「都市の中の都市」と言われたパレ・ロワイヤルのガルリ・ド・ボワに店舗をかまえて作家たちを牛耳ったラドヴォカのプリンスぶりは、ドーリアと名をかえて『幻滅』に生き生きと伝えられているが、かれはまさにこの出版インダストリーの時代の典型的な興行師のひとりである。

ロマン主義文学を世に出し、出版界のプリンスと謳われた書籍商ラドヴォカ

小説家という文の興行師たちは、そうしてメーカーたちに翻弄され、明日の売れ行きに支配されて生きながらも、脳中に「彼方の栄光」の夢の島をもっていた。ところがメーカーという興行師のほうは「明日の売れ行き」しか信じない。かれらにとって、五十年後にしか売れない本は商品でないのだ。ジラルダンと同様に、このラド

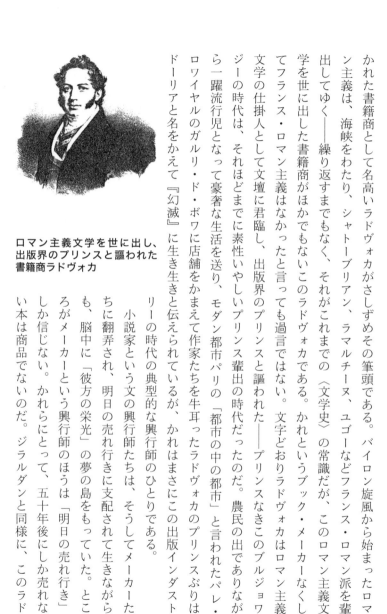

ヴォカにとってもまた今ここだけが問題であった。そして、ジラルダンと同様に、かれはその「今ここ」の売れ行きのための必須の装置を発明した。すなわち広告ポスターである。ラドヴォカは本の「ポスター」を発明した男なのである。ガルリ・ド・ボワのかれの店舗のウィンドーは、カラフルなポスターで飾りたてられていた。そしてそのポスターのにぎわいは、パレ・ロワイヤルという商品のフェア空間のにぎわいを盛りたて、それとひとつになっていた。ラドヴォカは、ポスターという装置の発明によって、〈ブック〉と〈フェア〉の仲の良さをおおっぴらに見せつけたのである。

読書する女（本のポスター）

ブックとフェア

実際、インダストリーの興るところには必ずフェアがあり、ブックもまた例外であろうはずがない。商品が見世物として展示され、新しさを競いあったこの時代、『パリ便り』にも産業博覧会のルポが一度ならず登場するが、消費の祝祭であるフェアは、商品のイノベーションを促し、メーカーに製品開発を促す。このフェアの熱気のただなかで本という商品も新しくなり、メーカーの創意もまた開発されていった。そうしたメーカーの創意のなかでも、まさしく今日につながる創意を発揮したのが、先に述べた『フランス人の自画像』の出版者キュルメールである。かれの創意はまずイラスト本にあった。ガヴァルニ、ドーミエ、アンリ・モニエなど錚々たるイラストレーターを輩出したのは、風刺新聞が先駆けだが、この挿絵新聞のアイディアを積極的に本に取り入れたのがキュルメールである。美しい挿絵で見せる『ポールとヴィルジニー』で成功をおさめたキュルメールは、イラスト本出版の先駆者であり、第二帝政に花咲くイラスト本熱の下地をつくった男といってもい い。『フランス人の自画像』はそのかれの残した傑作のひとつである。

けれども、先にみたとおり、キュルメールが特筆すべき人物であるのは、ほかでもない「編集」という作業の創案においてであった。それというのも、アンリ゠ジャン・マルタンらの監修になる『フランス出版史』も言うように、それまで編集者(エディター)ということばは存在せず、大小、様態

王政復古時代、「都市の中の都市」としてにぎわった歓楽の空間パレ・ロワイヤル。そのウィンドー・ディスプレーは〈目の消費〉のための装置だった。ラドヴォカをはじめロマン主義時代の書籍商もここに店舗を構える。

『フランス人の自画像』描く「編集者」。

を問わず本のメーカーはすべてひとくくりで書籍商（リヴレール）と呼ばれていた。つまり固有の編集というコンセプトは無きにひとしかったのである。それを自覚し、「自分自身の自画像」を書かせてこのコンセプトを言説化したキュルメールは、それをフェアに出展した。レイアウトや装丁、そして判型をふくめたブックデザイン——これらは原稿という原材料の「加工」であり、その加工は、商品に付加価値をつけ加える。この編集作業を理解し、それを言説化したキュルメールは、その言説そのものをフェアに出展した。かれは一八三九年の博覧会に自分の出版物を出展しただけでなく、審査員にあてて次のような書状をそえたのである。「……かつてとちがい、今日、書籍商はまったく新しい重要性を獲得しております。そしてこの重要性は、〈編集者〉なる職業に負うものでありまして、書籍商のうちにこの職業が定着するようになりましたのは、イラスト本が出版されるようになって以来のことであります……」。実際、イラストは本という商品の大きな付加価値であった。

だが、イラストとならんで判型もまた本の命を左右する。この判型にかんして編集のセンスを発揮した書籍商がシャルパンティエであった。一八三八年、シャルパンティエは従来の判型とは比較にならない小型のポケット判を創案する。値段は従来の本の半額の三・五フラン。ジラルダンの起こしたメディア革命の書籍版といってもよいこのアイディアは大ヒットし、数年間で四百冊を出すという成果をおさめる。まさしく出版革命であった。以来、このポケット・ブックはシャルパンティエ文庫の名を冠せられてロングセラーを続ける。一八四〇年代、フィリポンの率いるオベール商会が手がけて大いにうけた「生理学」ものシリーズは、この小型判とイラスト本の両者のアイディア

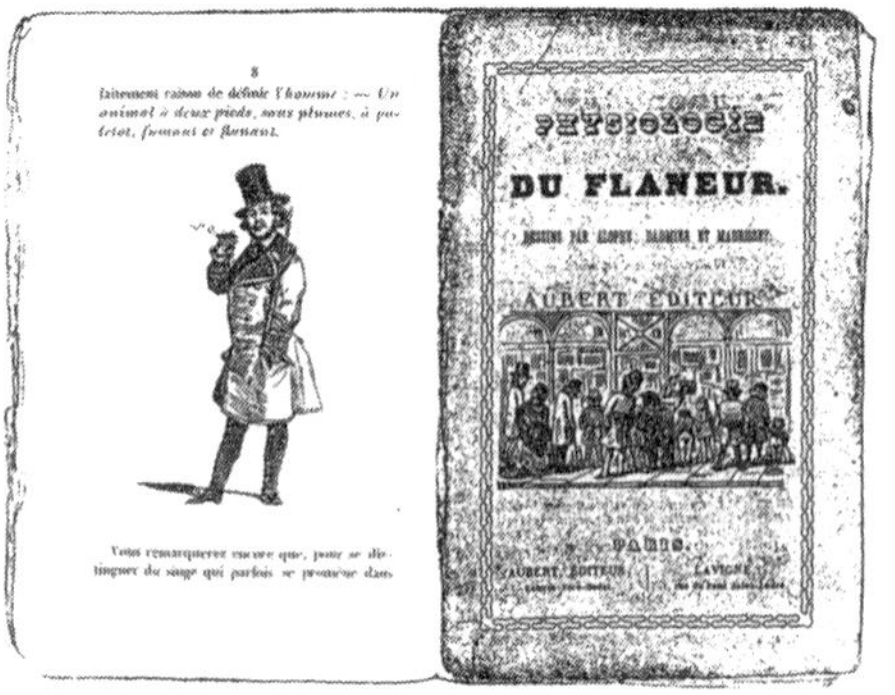

1840年代、イラスト本と小型廉価本の両アイディアをドッキングさせた「生理学」ものシリーズが大ヒットする。シリーズ中の一冊『フラヌールの生理学』。(1841年)

をドッキングさせた企画である。こうして読書のマス・マーケット開発が緒につき、ここからアシェットの鉄道文庫までは一直線であった。作家の脳中にある〈傑作〉は、かれら本のメーカーたちに買われ、かれらの側の興行努力をとおして、市場に届けられたのである。まさしく両者は、「別れたくても別れられない」運命共同体をなしながら言説市場をにぎわしたのであった。

隠喩としてのワイズ

文の売り手と買い手として対立項をかたちづくり、それでいて運命を共にした作家と書籍商＝編集者。どちらが欠けても本という商品は生誕しない。かりに前者をYとすればもう一方はY′であり、同じ運命にくくりつけられたこのY―Y′の両者をワイズとでも呼んでおこう。Yはひとりではやってゆけない。必ずもうひとりのYと道連れであり、Yは必ず複数のY′sなのだ。むろんY―Y′であれA―A′であれ命名は何でもよいのだが、ワイズなりエイズなり、同一文字の反復というかたちをとらざるをえないのは、編集という仕事とそのコンセプトがようやく生誕したばかりのこの時代、二項は対立項であると同時に、同一人物が潜在的に二項を兼ね備えてもいたからである。たとえばバルザックなどは印刷と編集と執筆の三位一体をすべて体験した作家である。いわばかれはひとりでワイズであったのだ。しかしそれでは執筆の能率は確実に落ちる。やはりY―Y′のコンビでしか本はつくれない。言説市場のあるところ、逃れえない宿命としてのワイズ、である。いずれおとらず文の興行師であり、時には訴訟沙汰に発展したこれらワイズたちの反目と葛藤はこれまでにもみてきたが、そのワイズどもの繰り広げる地獄の沙汰を描きつくしたバルザックの『幻滅』を知るわたしたちは、その地獄の光景をいま少しくわしくみておくべきであろう。出版産業がリスクと波乱の連続であったこの時代にうかがわれる「極端な真実」は、現代の言説市場のそれに直結しているものが少なくないからだ。

まずはY―Y′の出会いに話をもどそう。かれらは文の売り手と買い手として言説市場で出会うわけだが、いったいそのとき書籍商Y′は、さまざまな書き手Yのなかからどのを買うべきか、いかにして決定したのだろうか。ここで「極端な真実」を提供してくれるのが先にふれたラドヴォカである。ラドヴォカの発明した広告ポスターとは、本という商品の存在を消費者に「知らせる」装置である。けれども実はこの男、そうして自分が売る本の内容を「知らない」で商売をしたのだ。『幻滅』は、あるジャーナリストの口をかりてラドヴォカの肖像を次のように描いている。

書籍商の店内は、本という商品が売買される場であるとともに、文が売買される文壇であり、〈言説市場〉でもあった。

第二帝政時代、アシェット書店は駅のキヨスクでの書籍販売に乗りだす。鉄道旅行と読書が結びつく。

かれは作法もわきまえている。豪胆なやつだ。だがやつには内容がない。頭ときたら、すべて周囲から聞いたことの寄せ集めさ。

もとはといえば農民の出であるこの「出版界のプリンス」は、本（原稿）を読まずに出版業を商ったのだ。それでは、いったいこのかれは、幾多のYの中からどのYを「買い」に踏み切るか、それをいかにして決断したのか――端的に、「すべて周囲から聞いたことの寄せ集め」によって、である。

ということは、Yなる言説は決して単独では存在せず、Yの周囲にはつねになんらかの評判がある、ということだ。評判というこのもうひとつの言説を、もうひとつのY′と名づけよう。それは、Yという言説「について」語られ流通する言説である。実際、メディアの市場ではYは決して独立しては存在せず、Yの周囲にはいつもすでにさまざまなY′が存在するのがつねである。ラドヴォカが「すべて周囲から聞いたことの寄せ集め」によって原稿を買ったということは、すなわちYについて語る「Y′の言説」をとおして買うべきライターを選んだのだと言いかえてもおかしくなかろう。事実ラドヴォカは原稿など読む要もなくその方法で立派に出版界のプリンスになりおおせたのだ。野菜屋が自分のところで売る野菜を食べないのと同様に、出版社もまた原稿を読まない。Yの周囲にはいつもすでにY′が流通しており、Yの前には、Y′が先行しているのだ。ラドヴォカの才能は、流通するY′の言説をとおして、いち早く時代のトレンドを先取りしたことにあった。そのトレンドこそロマン主義文学だったのである。

このロジックをさらに展開してゆくなら、Yの市場価値はY′の「量」によって左右されるといってもよいだろう。そう、質より量。量が肝心なのである。これまたバルザックの『幻滅』が明言するとおり、本は「黙殺されるよりけなされる」方が成功につながるのであって、Yの価値はY′の多さ、それ「について」語る言説のにぎわいに左右されている。まことに言説市場はいつもワイズからなっているのだ。ちなみにバルザックの時代、一つのY′ももつことができず、「出版社の倉庫の棚にうっちゃられたまま、さびしく鳴いている本」は、業界用語で「うぐいす」と呼ばれていた。新刊優先の今日ではもはやこの「うぐいす」はバッサリと裁断されてしまう。「鳴かぬなら殺してしまえ」とあいなったわけである。こうしてYの市場価値を左右するY′なる言説は、具体的に言えば「広告」と「書評」である。むろんクチコミというワイズもまた大いなる力を有していたとはいえ、広告と書評はまことに時代の二大ワイズであった。

二大ワイズとはいえ、この二つのY′の相関関係そのものが、実はくわしく述べればきりがないほど複雑微妙である。一八三六年、ジラルダンが新聞四面すべてを広告に解放する広告発明をやってのけたのがまず第一のエポック。この新聞広告によって、ラドヴォカの創案した本の広告ポスターは過去の産物と化した。ということは、新聞という一つの紙面で二つのワイズが戦争を起こし始めたということでもある。同じひとつの本について、書評と広告が同一紙面に並んだのだから。これまでに何度かふれたサント゠ブーヴのかの名高い〈商業文学〉批判は、この両ワイズの共存不可能宣言でもあった。かれは語っている。「……少し下のほうで世紀の傑作などと派手に宣伝されてい

OEUVRES COMPLÈTES DE

CASIMIR DELAVIGNE,

16 fr. 16 fr.

SEULE ÉDITION AVOUÉE PAR L'AUTEUR ET PUBLIÉE SOUS SA DIRECTION.

DICTIONNAIRE FRANÇAIS-ALLEMAND ALLEMAND-FRANÇAIS

DE HENSCHEL.

ENSEIGNEMENT UNIVERSEL

Par la MÉTHODE DE MME RIVALLIÉ, Institutrice.

LE PARADIS SUR TERRE

CHANTIER D'AUSTERLITZ,

BOIS AU POIDS

SCIÉ OU ENTIER ET COUVERT,

CHOCOLAT

des HERNIES,

Maladies Secrètes, Dartres.

新聞紙面を占領する宣伝広告（『プレス』紙）

る作品を、下らない駄作だとどうして批評がけなせようか。どんどん大きくなってゆく広告の活字のほうが優勢で、これが羅針盤を狂わせてしまったのだ」と。

しかしながら、サント＝ブーヴの言にもかかわらず、広告にもまして書評は本の売れ行きを左右した。『幻滅』には、たとえばデビュー早々の一作家が書評の賛辞ひとつ批判ひとつに平身低頭するさまが描かれており、いかにY′がYの生殺与奪権を握っていたかをまざまざとうかがわせる。『幻滅』の時代設定がジラルダン以前の王政復古時代になっているとはいえ、執筆はまさにサント＝ブーヴの発言と同時代、書評はまことに絶大なY′であった。こうした書評の影響力の大きさは、演劇と劇評の関係を踏襲したものであって、サクラや喝采屋がおり、あるいは野次軍団が存在するのも言説市場のそれとなんら変わるところがないが、演劇の場合は劇評のほか、街頭に張る広告ポスターが大きな威力を発揮していたのにたいし、本のほうは、新聞広告と書評が売れゆきを左右する絶大な力をふるっていた。Yはそれ「について」語るY′に「命がけの飛躍」を左右されていたのである。

かくしてYはY′に依存するわけだが、逆もまた真なりである。Yがすでに確固とした評判と名声をそなえ、現代的に言えば知名度を確立している場合、Y′はその「名」を利用して自分の名の価値をつりあげる。言説市場のスターを「たたく」言説がウケル事情は、十九世紀の昔も今も少しも変わっていない。「芸術が市場に引き渡される」ということは、つまりすべての言説がメディア化してゆくということであって、〈流行という神〉に支配されるメディアの法則はつねに変わらず〈刺激と退屈の永劫回帰〉にほかならない。バルザックの時代、スターを斬る言説の製造者は「刺客」

劇評によって芝居の当たりを左右したジュール・ジャナンの風刺画。（グランヴィル画）

と呼ばれていた。有名人を斬ってすて、その刺激＝センセーションによっていまだ無名の自分の名を市場にノセルというけれん技。バルザックが描いたような刺客業大繁盛の地獄の沙汰はもはや昔のことになったとはいえ、二十世紀末の今でもなお「刺客本」と呼びたくなるようなあざとい企画は立派に存在し続けている。まことにワイズという厄災は、誕生このかたいまだに滅んではいないのである。

「言説市場」虎の巻

刺客業が繁盛し、ワイズたちがもちつもたれつ登場した十九世紀の「言説市場」虎の巻は、ほかにもその「極端な真実」によって現代に直結するものが少なくない。たとえばY′という言説の実態もそうである。十九世紀のY′たちは広くジャーナリストと呼ばれていた。時々の情勢の注文に応じて〈適切な〉言説をしたてあげるライター、それがジャーナリストである。けれども、かれらY′の才能とは、より正確に言っていったい何であるのだろうか。『幻滅』はここでもまた「極端な真実」を語ってくれる。作中、出来の良い「刺客」書評をものして一躍注目をあびた新参の新聞記者のリュシアンにむかって、先輩格の記者連中が今度は他紙に同じ作品を誉めあげる書評を書けとけしかける有名なシーンがあるが――ちなみに、殺した相手をまた生かすこの術を、いみじくもバルザック名づけていわく、「前言取り消しの術」と――そのシーンで、バルザックはあるジャーナリストに

「すべて」について語る言説者、別名ジャーナリストあるいはリアンノローグ二態

こう言わせている。「君は自分の書くものにえらい抱負をもってるんだな。われわれは文章の商売人なんだ。それでメシを食っているのさ」と。

『幻滅』は、かくてリュシアンがあっぱれこの「前言取り消しの術」をやってのける様を描いているが、ここで語られている真実とは、すなわち、「Y′は自分の言説に抱負をもってはならない」ということであろう。さらに極言するならそれは、Y′には「言いたいこと」があってはならぬということなのではなかろうか。真に言いたいことが少なければ少ないほど、多くのY（言説）について語ることができるからであり、端的に、「何も」言いたいことがない者は「すべて」について何かを語ることができる。バルザックは『幻滅』と同時期に書いた『ジャーナリズム博物誌』でこの「万能のY」を指し、「リアンノローグ」と名づけている。「すべてを語るが実は何も語ることがない」ライター、それがリアンノローグである。いうまでもなく、無（リアン）とイデオローグを結びつけた造語だが、こうしたリアンノローグの言説が夥しくメディアの市場に流通する事情は、

肖像写真熱（ドーミエ画）

現在と少しも変わるところがないといってよいだろう。

それというのも、メディアという装置が存在しはじめてからこのかた、わたしたち言説市場の消費者は、多くのYを知りたいという癒しがたい病いに冒されているからなのだ。多くのYを「知る」ためには、ひとつひとつのYを「読む」手間を省き、Yについての言説すなわちY′を消費するのがいちばんてっとり早い。たとえば「書評」というY′。現在にいたるまで絶えることなく存続しつづけているこの「言説についての言説」は、メディアの市場のなかでいったい何のために存在しているのだろうか——本を「読まない」で「知る」ために。そう言ってもおかしくなかろう。バルザックがリアンノローグを別名「通俗解説者」と呼んでいるように、Y′というYについての言説の流通は、真のYから消費者を無限に遠ざけつつ、多くのYを消費者に「知らせ」続けるという機能を果している。

このYとY′を、事実とそれ「について の」言説、とおきかえても事情はさほど変わるまい。たとえば一八三九年一月の『パリ便り』は、当時センセーションをひきおこしたダゲールの写真発明を次のように語っている。

> このごろダゲール氏の発明がしきりにもてはやされているけれど、われわれのサロン学者たちがその発明について語る大まじめな解説ほど面白いものはない。ダゲール氏は安心しておられるがよろしい、誰も氏の秘密を奪うことはないだろう(……)まったく氏の発明は驚異的だが、それについては誰ひとり何もわかってなどいない。それはあまりにも解説されすぎたのである。
>
> (傍点訳者)

事実「についての」言説の流通が、事実に先行する。かくてY′はYについて語ることによってYを隠蔽し続けてゆくのだが、かといってY′がなければYが「知られる」こともないのであり、メディアのあるところ、〈事実〉というものもまたワイズによって構成されているといわざるをえないであろう。

市場のあるところ、不特定多数という消費者の存在は絶えることなく、モノであれ本であれ、言説であれ事実であれ、「何か」の存在は必ずそれ「について」語る言説とともにしかない。ひとは否応なく、自分にとっての切実な必要性とは無関係に、何かを——それも、限りない数にのぼる何かを——知らされてしまうのだ。そして、知らされなければ発生することもなかったはずの欲望がそこに目覚めてゆく。まさしく、十九世紀の新聞に初めて現れた宣伝広告の名は「お知らせ」(アノンス）であった。

事実も欲望もメディアによってつくられる――十九世紀の「言説市場」虎の巻は、現代のわたしたちには周知のこの真実をその「極端さ」においてラディカルに語りあかしていはすまいか。

7

都市の物語　物語の都市

パリ物語

モノ・ヒト・コトを問わず、すべてはそれじたいとしては存在せず、それ「について」語る言説によって存在する。YはY′をとおしてのみ存在する——バルザックの『ジャーナリズム博物誌』はメディアの言説を指して、「ジャーナリストはありそうなことはすべて真実とみなす」と喝破したものだが、むしろこう言いなおすべきなのではなかろうか。「すべて語られないものは存在しない」と。言説が真実に先行し、言説Y′が真実Yをつくりだす。そして、そのYのなかでもひときわ大きい、いわば大文字のY、それが、花の都パリだったのではなかろうか。わたしたちはたびたび『パリ便り』をみてきたが、この都市通信の名が〈パリ〉便りであることにもういちど注意をむけるべきだろう。つねにパリについて語るこの言説は、まさしくY′にほかならない。ほかでもない『パリ便り』こそその言説によってパリという都市をつくりだしたのだ。あこがれの都として地方の人びとを誘惑し、やがてモードの都としてヨーロッパに君臨してゆく都市パリ、そのパリは言説をとおしてしか存在しない。ジャーナリスト、ド・ロネー子爵の綴るパリ通信は、「真実」のパリに先行してパリをつくりだす言説効果をいかんなく発揮したのである。『パリ便り』はパリ物語をつくり、物語としてのパリをつくりだしたのだ。

パリ物語。このとき物語化されるパリは二つのベクトルをもっている。ひとつのベクトルは十九世紀ヨーロッパのもうひとつの都ロンドンを指向し、もう一つのそれは地方を指向している。ロンドンというのは、このパリが「遅れてきた」都であるからだ。ロンドンに追いつき追い越せ。むろん「パリ中心主義者」であるパリジャンたちがそんなことを口にするわけではない。けれども、インダストリーの生みだした文物と風俗は、そのほとんどすべてが産業革命の先進国イギリス先導のものである。鉄道しかり、ガス灯しかり、パノラマしかり。ジャーナリズムもロマン主義芸術も「遅れて」パリに渡ってきた流行にほかならない。事実これまでにもみてきたように、十九世紀前半のフランスは、一大アングロマニー（イギリスかぶれ）が席巻した時代であった。なかでも大きいものをあげてみれば、たとえばダンディズムがそれである。男たちだけのクラブをつくり、乗馬とスポーツをはやらせ、喫煙をはやらせて葉巻をトレンディな小道具にしたダンディズム。この流行はまぎれもなくパリにとっては〈舶来品〉であり、インポートものであることがまたトレンディなしるしであった。たとえばパリのダンディたちのゆきつけのカフェの一つがその名も「カフェ・アングレ」だった事実ひとつをとってもそれがうかがえる。あるいは『便り』がたびたび語っている紅茶の流行。これまたイギリス渡来の風俗であるのはいうまでもない。

『便り』は、こうしてやたら英国ものに箔がつくパリの「遅れ」をみずから認めている。「イギリスはいつも数年早くわたしたちの先を行く」と。けれども、『パリ便り』の言説は、そのイギリスにたいして明らかに「冷たい」。そう、ド・ロネー子爵は根っからのパリ中心主義者なのである。たとえば連載七回目にあたる一八三六年一二月の『便り』。そのイギリス女性評はなかなか手厳しい。

19世紀前半のパリは〈イギリスかぶれ〉の時代。ダンディズムがうまれ、乗馬がはやる。「スポーツ」や「スポーツマン」も時代の流行語のひとつだった。

パリのイギリス人。

パリにやって来ているイギリス女性を評して『便り』は言う、彼女たちには「気まぐれ」が足りない、と。

イギリス女性にあっては、すべてが意志的である。何事にも決断があり、ガンバリがあり、まるで旅行にでるための準備支度のようなものが要る。つまり彼女たちは、万事につけまなじりを決して船出するのである。きっとそれは彼女たちが島国に住んでいるせいだろう。島だから、ふと気晴らしに外に出るというわけにはゆかないのだ。

ふとした思いつきで外に出る遊びゴコロ、イギリス人にはこの「軽薄さ」が足りない――『便り』はいかにもそう言いたげである。これにひきかえパリの都は、たとえモノで遅れをとってはいても、それを「楽しむ」感覚にかけてはヨーロッパ随一、だからこそパリの都には、ひっきりなしに外国人旅行客が訪れて絶えない。「歓楽《アミューズメント》」はパリの富のひとつである。ありとあらゆる国々から外国人がこのすさまじい街を訪れて来るのはいったいなぜなのか？　この街で楽しむからだ」。『便り』にはこうした調子のパリ礼讃がそこここにうかがわれる。もはや本書の範囲を超える主題になってしまうが、このディスクールが位置している文化史的コンテクストをたどってゆけば、「十九世紀の首都」ロンドンとパリにかんする新しい二都物語ができあがることだろう。

けれども、パリジャン、ド・ロネー子爵の言説がさらに明白に指向しているベクトルは、ロンドンにもまして〈地方〉である。『便り』の語るパリ物語はあきらかに地方をターゲットにしたものだ。近ごろ都にはやるものを読者に「知らせる」こと。地方にパリ情報を流すこと。情報を知った読者はその情報を「体験する」ためにパリにやって来る。言説＝情報と欲望のはてない循環がここに始まるのだ。モダン都市パリはワイズ（都市Yと都市について語る言説Y′）によってつくられてゆくのである。

このとき面白いのは、『便り』がこのみずからの言説効果を自覚してそれを楽しんでいることである。たとえば一八三九年の夏のある日の『便り』は、地方の読者からの投書――というのも『パリ便り』には読者からの投書が絶えなかったからだが――についてこう語っている。先の『便り』でわれわれはカフェ・トルトニのことを語ったが、ジョークで言ったものが真剣にうけとめられて一通ならず反論の便りをいただいてしまった、と。カフェ・トルトニは、これまたダンディご愛好のトレンディなカフェだが、イタリア人が開いたこの店はアイスクリームが呼びものとなって盛名をはせ、ダンディのほかにハイ・ソサィアティの御婦人がたの御用達もつとめていた。ド・ロネー子爵は、このカフェでダンディたちのふかすタバコの害に非を鳴らしたのである。もうもうとたちこめる煙のせいで、せっかくのバニラ・アイスクリームがタバコ・アイスクリームになってしまう――それを、『便り』一流のディスクールで、「われわれはタバコ・アイスクリームをおいしくなめた」と書いたのである。すると、タバコとアイスクリームが合うわけがない、甘いタバコはまずいだろうし、アイスクリームは味をおとすはず、等々、〈真面目な〉反論が寄せられる。ド・ロネー

ブールヴァールに面した「カフェ・トルトニ」は当時のもっともトレンディなカフェのひとつ。イタリア人の創業したこの店はアイスクリームが呼びもので、ダンディとともに社交界の貴婦人も立ちよった。

子爵はしようがなく、あれはジョークだったのだと断ったうえで、真面目に事の次第を語りなおすわけだが、もちろん、そんな真面目な反論は地方からしかやってこない。

情報を真面目にうけとるか否か、それこそ、パリジャンと田舎者を分けへだてる見えない境界線である。物語のつくり手たちは物語を信じておらず、読み手だけが信じるのだ。この読み手こそ地方人にほかならない。いいかえれば、情報通（パリジャン）は情報を本気で信じてないが、情報を欲しがっている者（地方人）は本気で信じる。この情報は記号といいかえることもできるだろう。まさに地方人はパリの記号を欲し、パリに出て来たかれらは、記号消費を行うのである。そして、記号から発して消費行動に至るこの回路は、情報の流通速度に比例して、より短く、より早くなってゆく。一八四四年五月から六月にかけてのほぼ一月の間の『便り』をみると、人びとのこうした「パリ物語」消費のさまがありありとうかがわれて興味深い。『プレス』が生誕してからもうじき十年になろうかというころ、『便り』もすでに地方むけの情報発信のしかたを心得、読み手の側の地方人も、いささか情報なるものの何たるかを理解しはじめてきた時期である。

「あこがれのパリ」

まずは一八四四年五月。『便り』が語っているのは、まったくの「おのぼりさん」のパリ観光である。都市の中の都市、七月王政下でもっともトレンディなブールヴァール・デ・ジタリアンを通りがかったド・ロネー子爵は、大勢のひとごみに思わずつぶやく。「いったい全体これはなんだ、目を皿のようにして、ちっとも前に進まぬこのひとたちは……」。と、その群衆の中のひとりがかれにことばをかけてくる。

「あのう、メゾン・ドレってどこでしょう？」「ラフィット通りの角ですよ」「ラフィット通りはどこでしょう？」「ブールヴァール・デ・ジタリアンです」「だけどそのブールヴァール・デ・ジタリアンってのがいったいどこなのか……」「モンマルトル通りの次ですよ」「ああ、なるほど……ビュット・モンマルトルの近くですね」「いったい何をおっしゃっているのですか？ここがビュット・モンマルトルじゃないですか」「いや、どうも。なにしろパリに来たのは初めてなものですから」「おっしゃらなくてもわかりますよ！」

もはやコメントの要もないこの『便り』が掲載されておよそ二週間後、はやくも地方人のパリ観光に変化があらわれる。次の『便り』の小見出しにいわく、「パリジャンになった地方人」。つまりかれらは、パリを「知って」おり、はやくも情報通になっているのである。『便り』は言う、「かれらの態度、かれらのふるまいはすっかり変わってしまった。もはやかれらは、通りがかりの者にすぐばれてしまうようなあの素朴な感嘆の気持ちをもってはいないし、お里がしれるあの満艦飾の宝石で身を飾りたてたりもしていない」。『便り』の語るこの新手のパリ観光スタイルをもう少し続けてみよう。ド・ロネー子爵の語りは絶妙で、まさに情報とそれへの信頼度こそ、パリジャン／非パリジャンの境界線を形成するものであることをおのずと語りだしている。

かれらはもっとも洗練されたわれらがダンディのような服装をしている。つまり気のきいたシンプリシティを身につけているのだ。かれらはみなと同じような歩き方をし、きょろきょろとあたりを見回したりしない。何があっても平然として立ち止まることもなく、何が起こっても驚かない。かれらはすべてに通じており、好奇心ならもう満たされきって、感動することもないという人びとにそなわったあの優雅な無関心を身につけている。

情報に驚かないこと、反応を示さないこと。それがパリジャンというものである。あるいはダンディというものである。そして、そうであるもっとも確実な条件は、みずからが情報の保有者であることだ。このとき服装から歩き方にいたるまで、パリについての情報は、パリジャンにとっては日常の習慣としてすでに身についたもの、学習するまでもなく既得のものである。既得のものとして身についているものはわざわざ言説化するまでもない。逆に言えば、これを言説化し情報化するときはじめてその立ち居ふるまいは「伝達可能なもの」となり、メディアとなる。非パリジャンが「パリジャンらしく」ふるまえるのは、このメディアのおかげであり、要するにパリ情報が〈パリジャン・マニュアル〉となるわけだ。地方人は『パリ便り』をはじめとするメディアのおかげでこのパリジャン・マニュアルを手にし、マニュアルどおりに行動することによってあたかも本当のパリジャンであるかに見せかけることができるわけだが、しかしながら、隠しているはずの「学習」熱がつい現れてしまって、これらの「にわかパリジャン」ははしなくもニセモノぶりを露呈してしまう。『便り』の言うとおり、「成り上がりの王侯貴族が生まれながらの王侯貴族より輝かしいのと同様に、成り上がりのにわかパリジャンは生粋の〈パリジャン〉以上に〈パリジャン〉なのであって、ニセ・パリジャンは自分たちが情報通であることをついひけらかしたくなるのである。

そうしたニセ・パリジャンがふりかざすパリ情報を報告する『パリ便り』は、地方人のおのぼりさんぶりをあますことなく伝えて笑わせるが、逆にそれはまたド・ロネー子爵のパリ中心主義をいかんなく伝えてもいる。『便り』のディスクールは次のような調子だ――とにかくやたらパリに詳しい情報通の地方人＝ニセ・パリジャンが『パリ便り』のパリ知らずを責めたてに来る。「何ですって！　貴殿は『パリ便り』をお書きになっている、なのにパリを少しもご存じない！」こういう調子でニセ・パリジャンがおしかけて来てはド・ロネー子爵にパリを教えようとするのだが、笑わせるのは、その「情報通」の教えるパリ情報である。いわく、ゴブラン工場に、セーヴル焼き工場、ヴァンドーム広場の円柱、凱旋門、ノートルダーム……。要するに、あまりにも観光名所であるがゆえに、住んでい

満艦飾の晴れ着スタイル

る者はわざわざ訪れることもなく過ごしてしまう場所の数々、ニセ・パリジャンはその現地ルポを長々と述べたてて、『パリ便り』の無知と怠慢を責めたてるのである。

パリについての無知をさらけだす「素朴な地方人」の次に、パリについての知識をふりかざす地方人が出現したわけだが、この第二のニセ・パリジャンを厄介払いするド・ロネー子爵のやり方は、パリっ子であり都会人であるという無形の——金にも生まれにも還元できない——価値の何たるかを見事に明らかにしている。うるさい説教を続ける地方人はノートルダームのルポを述べ終えると、こんどは植物園をぜひ訪れるべきだと言う。動物園もかねている植物園は、当時人気の観光地のひとつだった。「今朝、植物園であの有名な小説家ウジェーヌ・シューを見かけましたよ、そう、まちがいなく、ウジェーヌ・シューが豹を見ていました。保証しますよ、次の小説にきっとシューは豹を登場させるにちがいありません」。そこでド・ロネー子爵は、たまたま子爵邸にいあわせたシューそのひとに問いただすという手に出る。「ねぇ、きみ、今朝、植物園に行ったのかい?」シューは答えて、「いや、行ったのは昨日さ」。ここで、地方人が実はシューの顔を知らず、シューを見かけたのはかれの親戚だったことがばれてしまう。それでもひきさがらぬこの情報通に、ド・ロネー子爵の次なる応酬。「バルザック氏がお見えになりました」。この有名人の出現に、地方人は興奮して、燃えるような好奇心を満たす。そしてひき続き、真打ヴィクトール・ユゴー氏の来訪。ド・ロネー子爵語っていわく、「かれは、目を皿のようにした。この高名な詩人を、ぞくぞくするような好奇心でうち眺めた。その興奮ぶりは、さぞかし黒豹も、ゴブラン工場も、セーヴル工場も、エトワー

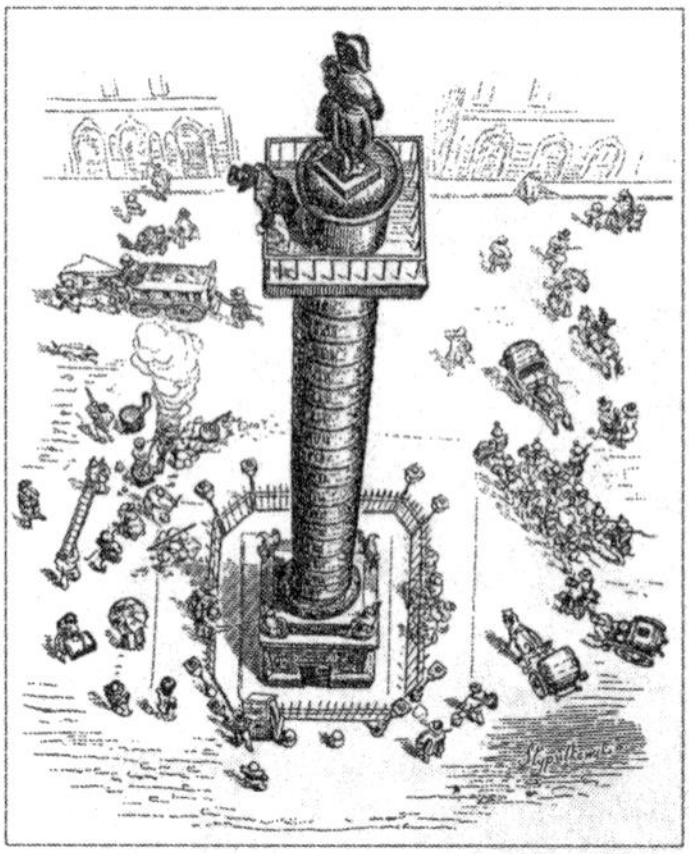

グランヴィル描くヴァンドーム広場の不思議。

ナポレオン像を戴く円柱で名高いヴァンドーム広場。19 世紀パリの観光名所のひとつ。

観光名所「凱旋門」

動物園をかねた植物園は当時の人気を集めたスポットだった。（G・ドレ画）

グランヴィル描く植物園では、バルザックやシューが見世物になっている。

ルの凱旋門も、ヴァンドームの円柱も気を悪くするにちがいないようなものだった」。

情報の価値は差異から成り立っている。誰もが知っている情報は情報価値が低い。観光名所ルポをのべたてる地方人が笑わせるのは、低い価値しかない情報を力説するからだが、こうして情報が流通するようになり、いったん不特定多数にゆきわたると、究極的な価値を持つのは「知っている」ことではなく「知りあい」であること、不特定多数に知られた名を友人にもっていること、である。ジラルダン夫人は実にナイーブにそれを表現している。生粋のパリジャンであるがゆえに、パリについての過多な情報を必要とせず、知名人を日常的環境にしていること、ケとハレの区別なく「ふだん着」がそのままトレンディであること、満艦飾の情報にたいする、さりげない無知。こうした情報保有の量と質、そのありかたが、いわゆるたちいふるまいの差異区別（ディスタンクシオン）を形づくってゆき、身分なきブルジョワジーの世紀の日常生活の政治性を形成してゆくわけだが、とりあえずここで確認しておくべきことは、こうして『パリ便り』がパリについての情報を流通させつつ、読者＝消費者にパリ物語を提供していったということ、日本でいうなら、七〇年代のアンノン効果を発揮したということであろう。

その証拠が、それからさらに二週間後、最初の「おのぼりさん」描写から数えてほぼ一月後の『便り』である。『便り』が報告するのは、〈第三の地方人〉の出現だ。もはやこの地方人は、第二の地方人とちがって、価値の無い情報をひけらかしたりはしない。もはや地方人のうちには、「パリ物語」が定着しているからであり、パリが物語化していることに自覚的だからである。「かれらは何ひとつ見てもいない。それでいてすでにかれらはすべてを知りつくしている。かれらの先輩の物語がかれらにすべてを教えたのだ。かれらははじめてパリに来ながら、すでにパリの美しさに飽きている」「あいつは、言ってたな、パリに行ったら、すっかり心を奪われて、うっとりしてしまった、って。僕はあいつに言ってやりたいね。僕はちっとも心なんか奪われず、うっとりするものなんて何もなかった、って」。この第三の地方人の反応は、要するに、パリ物語への反発であり、自分たちがアンノン族であることに嫌気がさしたアンノン族である。

実在のパリに言説のパリが先行し、パリ見物がパリ物語の消費であり、消費者がすでにマニュアル化した物語に反発するところまで、メディア社会におけるモノとモノについての言説と欲望の関係があざやかに語りだされているさまは驚くばかりだが、おそらくそれほどまでに『パリ便り』の言説がアンノン効果を発揮したということなのであろう。まことに時の話題という〈トピックス〉の発明の力は大きかったのだ。『便り』の流したパリ物語、そしてその消費のされかたの速さは、そのまま時代の情報の消費速度の一メルクマールを示している。

エフェメラ都市

メディアのなかの言説、ことにトピックスという言説は、たちまち消費されて「飽き」られる。そして刻々と過ぎ去る時とともに忘れられてゆく。「知りたい」という欲望は、「忘れたい」という欲望と背中あわせである。メディアの言説は、消費者の忘却をあてにしてさえいるのだ。読者が忘れてくれるからこそ、いつも新しく語ることができるのだから。メディアの言説は事実をつくりだすということは、逆もまた真なり、ということである。パリについて語る言説がなければパリが存在しないと同じように、それ「について」誰も語らない事実は、存在しないにひとしい。事実というYはいつも言説Y′のにぎわいをとおしてつくりだされるのだ。

『パリ便り』の語る「あこがれのパリ」、歓楽の都市パリは、同時にきわめて治安の悪い犯罪都市でもあった。七月王政も末期にあたる一八四四年の年末の『便り』のトピックスは犯罪都市パリの恐さである。夜のパリ、得体の知れぬ犯罪者が無差別に通行人を襲う。夜会からの帰り道はパリジャンにとって恐怖の時となった。けれども、年が明けた翌年、新年の『便り』は語っている。「もう犯罪の危険は去った」と。ふるっているのはその先である。ド・ロネー子爵は会話体で次のように言う――「危険がないという証拠があるのかい?」「いや、証拠なんか無いよ。だけどもう誰も怖がっていたくないんだ」「あいかわらず、危険はあるんだろう」「あるさ。だけどもう誰もそんなこと考えていやしない」「なんで考えないいんだい?」「みな危険について一度考えたからさ。そしてひとはいつも同じことばかり考えてはおれないからさ」。

すべては言説、犯罪さえも――犯罪は犯罪についての言説がメディアに流通することによって存在するのである。したがって、犯罪について語る言説が存在しなくなれば、犯罪そのものもまた存在しない……。むろん、言説化されない犯罪は多々あり、事実も多々あるだろう。だが、はたしてどこまでが事実で、どこまでがそれについての物語なのか、わたしたちは明瞭な境界線など引くことができるのだろうか。

たしかなこと、それは、メディアという作者の不確かな言説を人びとが愛好するということであり、そしてそのトピックスは〈変化〉によって愛好されるのであって、その内容によってではない、ということである。メディアの言説の耐えられない軽さ——この〈軽さ〉こそ、ド・ロネー子爵のディスクールの身ぶりそのものであり、そしてそれこそ『パリ便り』のパリ便りたる所以である。エフェメラの今に浮遊する言説の軽さ、その「軽薄礼讃」こそ、ジラルダン夫人のパリ中心主義にほかならない。もはや犯罪の危険は去ったという件の『便り』の冒頭部はこう始まっている。

おお、われらがフランスという国のなんとまあ面白いこと！　ものすごい警戒心から安らかこのうえない信頼感へと、なんと簡単に移ってしまうことか！　まさにこれこそフランス人の魅力的な軽薄さなのだ。（……）昨日感心したことが、今日にはもう嫌いになる。朝ほめたことを、夕方にはもう悪く言う。以前に追いまわしたことを、今では逃げる。さっきは涙を流したのに、もう笑ってしまう。まえにはおぞけをふるったものを、もう楽しんでいる。たしかにそれは軽薄さと呼ばれるべきものにちがいない。そしてフランス人が軽薄であるとすれば、こうした軽薄さをおいてほかにないのだ。

昨日夢中になったものを明日にはもう忘れ、朝楽しんだものを夕方にはもう飽きがさす。つかの間の今に浮遊するメディアの言説の軽薄さ。忘れられることを定めとし、エフェメラの命を定められたディスクール。このメディアの言説の軽薄さは、なんとモードのそれに似通っていることだろう。都市という忘却の河のなかを流れてゆきながら、そのつど新しい新しさ、〈変化〉という価値だけで人びとの欲望をそそり、いつしかひとを物語のなかに巻きこんでしまう不思議な力としてメディアはモードの姉妹である。やがてオートクチュールという制度の確立とともにモードの都パリが世界に名をはせる以前、メディアの市場がにぎわった十九世紀前半のパリは、すでにモードの都を準備していたのだ。

8　モードあるいは〈真実〉の漸進的横滑り

ナウさの誘惑

実際、『パリ便り』がその軽薄なディスクールによって毎週、毎週、送りとどけたのは、エフェメラの〈今〉気分だった。『便り』はまさにパリの流行通信であり、その繰り出すトピックスのなかでも最大のそれは、ほかでもないモードとしてのモード、すなわちファッション情報である。モード以外のトピックスでしばらくファッション情報がとぎれたときなど、『便り』は読者にわびながら筆を起こしている。「ここしばらくモードの話題がお留守になっていたので、ただいまのトレンドをお伝えしよう」と。こうして『パリ便り』はいつも最新流行のファッション情報を満載してゆく。ただいまの流行はレース、新型の帽子はキルティング、いま面白いのはインテリア、カーテンに凝ってみるのがトレンディ……。

時の気まぐれのままにエフェメラの今に浮上する〈新しいもの〉、モードの力はまさにこの新奇なものの浮薄な魅力からなっている。永遠の彼方をめざす芸術の夢をよそに、現れては消えてゆく軽薄なメディアの言説がにぎわった十九世紀前半、大衆消費社会がいっせいに花開く第二帝政期に先立つことおよそ十五年あまり、パリにはすでに〈新奇なものの誘惑〉が始まっていたのだ。そのモードの誘惑を語り伝える『便り』のファッション情報をまずコメントぬきにひとつ紹介してみよう。一八四四年五月の『便り』である。

シャン・ド・マルスのファッショナブルな競馬レース、シャンゼリゼの民衆フェスティバル〔産業博覧会〕、チュイルリー宮の王室晩餐会、（……）今週はおしゃべりの種に事欠かない。ところがあいにくなことに、ここ一週間というもの体の具合が悪く、この目で何ひとつ見届けることができなかった。やむなく友人諸君に質問して、これらビッグ・イベントの様子をたずねることにした次第。

一番目の友人。何事につけ一家言ある人物だが、そのかれへ、第一の質問。競馬レースはきれいだったか？

「ひどいものさ」

「何を見たって言うのかい？」

「何も」

「何が在ったのだ、そこに？」

「ほこりさ」

「ほこりだけ？……」

「煙」

「だけど、いただろう、美女が」

「女はいなかったよ」

「女がいなかっただって！……じゃあパビリヨンの中は？」

「女じゃなかったよ、あれは」

「じゃ、いったい何だったのだ？」

「グランヴィルの漫画さ」

「だけどさ、美人じゃなくても、おしゃれはしていただろう？」

「マットレスかぶってたよ」

「何だって！　マットレス？」

「赤と白の大きなチェックのシルク・ドレスを着ているのがいた」

「ああ、いま流行なんだ」

「別の女がまた白と青の大きなチェックのモスリンのドレス。正真正銘のマットレスだね」

「ショールはどんなだった？　田舎に新しいショールを二点ほど送るように頼まれてるものだから。われらがパリの伊達女たちのショールはどんなふう？」

「赤と白のチェックさ」

「じゃ、ベルトは？　来週、午前の舞踏会の招待があるんだ。午前の舞踏会だと、腰飾りは極美のものじゃないといけないからね」

「ベルトは白と青のチェック」

「で、ネクタイは？」

マットレスはチェック柄！　鉄道事故対策のため考案された珍モード。（当時のカリカチュアから）

「紳士物のネクタイは、ですね、これが赤と白のチェック」

「チョッキは？」

「チョッキ？……白と青のチェックだよ」

「ん。だけど全部チェック！　それじゃ変わりばえしないよな」

「冗談言ってるのじゃないんだぜ。今年は、生地という生地が全部チェック柄一本なんだ。マットレス生地の真似で、本当にマットレスかと思ってしまうよ。そっくりなんだから。どうせそっくりなら、別の何かを真似して欲しかったね。服地メーカーの陰謀なんだが、この陰謀が巧妙なんだ。それで儲けようって腹さ。やたらチェック柄を氾濫させれば、早々と飽きがきて、新柄へのきりかえが早くなる。趣味が良く、品の良い柄のドレスなら一年中着ていられるけど、大袈裟なファッションは何日ももたないからね。ひと月もすればもうチェックのドレスなんてお目にかかれなくなるさ。そうすればまた別のドレスを買わざるをえない。メーカーの計算に狂いはないさ」。

その時々のトレンドを仕掛けることによってモノの陳腐化をはかり、機能性とはまったく無関係な記号の体系にモノを巻きこむ——二十世紀末の現在に生きるわたしたちにとってはあまりにもなじみぶかいモードのロジックだが、引用した『便り』には、当時の衣料メーカー、つまり産業の側がこのロジックを仕掛けているさまがありありとうかがわれる。『プレス』紙がその後に本格的な到来を迎える大衆消費社会を先取りしていたのと同じように、モード都市パリへの波動は着実に進行しつつあったのだ。

　チェックの次には花柄、花柄の次にはまた無地……こうしてモードは恣意的なトレンドの号令を発し、このトレンドの号令にすべてをしたがわせてゆく。こうしてつくりだされてゆく世界の価値は一にかかってナウイかどうかであり、〈新しさ〉こそこの記号の体系の価値尺度である。新しいものはすべて美しい。古いものはすべてダサイ——こうした新しさ《ヌヴォテ》の価値化は、もうひとつの価値に腐食作用をおよぼしてゆく。モードのこのロジックは、別のもうひとつのロジックに対抗しつつ、それを切り崩すかたちで近代に生誕してきたロジックにほかならない。〈新しさ〉の対抗価値、すなわちそれは〈古さ〉、由緒、身分、血統、伝統、つまるところブルジョワ社会に対抗する貴族的諸価値である。こちらのロジックは、ナウイ／ダサイの二元化とは対照的に、無数の微少な差異のヒエラルキーを積み重ねてゆく。階層秩序に重きをおくこちらのロジックを卓越化《ディスタンクシオン》の論理と呼ぶとすれば、ルイ＝フィリップ時代は、新旧のこの二つの価値体系がせめぎあっていた時代である。

シャンゼリゼ散歩はファッション・シーンのひとつ（ラミ画）

スコットランド由来のタータン・チェックは19世紀中葉イギリス社交界のモードとなり、そのイギリス・モードが大陸を渡ってパリに流行る。

流行通信『パリ便り』はこうした自分の時代を知りつくしている。先ほど引用したファッション情報があきらかに〈新しさ〉に傾いているとすれば、次のそれはモードの階層性へのコメントである。『便り』はモードの法則を次のように言う。

内閣は提案し、議会は採択し、貴族院は聖化し、政府は執行するが、モードの法則もまさに同じ。すなわちモードは、ショセ＝ダンタンが提案し、フォーブール・サントノレが採択し、フォーブール・サンジェルマンが聖化し、マレー地区が処刑・埋葬するのである。

十九世紀前半のパリ、モードはいずこに発し、いずこで消えるのか、その発生・伝播・消滅の流通回路が定まっていたということだが、その回路は当時の社会の階層性にぴったり重なり合っている。モードを「提案する」ショセ＝ダンタンとは、経済力をそなえてはいるが文化的伝統・由緒をもたないリッチな新興ブルジョワジーの空間であり、モードを「聖化する」フォーブール・サンジェルマンは経済力においてすでに没落の運命にあるがその文化的伝統・由緒において最高位にある貴族階級の空間である。別の日の『便り』がこの二つの階級の相関と反目を明確に言いあてている。

フォーブール・サンジェルマンとショセ＝ダンタンは互いに他を軽蔑しあっているが、それというのも、それぞれに長所があるからなのだ。いっぽうは他方を「あちらは新しい」と言う。

贈り物にも〈カシミア・ショール〉。カシミア・ショールは19世紀のリッチなファッションとして女性のあこがれの的だった。

左はショセ=ダンタンのモード、右はフォーブール=サンジェルマンのモード。(『モード』紙より)

劇場は観客が繰り広げるモードの劇場でもあった。
（ラミ画（上）　アンリ・モニエ画（下））

――もういっぽうは他方を「あちらは古い」と言う。――あたかも歳月と由緒を有していることが利点でないかのように。そして他方は、あたかも活力と未来を有していることが利点でないかのように。

この時代のハイライフをかたちづくっていた二つの勢力を明瞭に定義したことばだが、こと流行《モード》にかんするかぎり、その活力のもとはあきらかにショセ＝ダンタンという新興勢力であった。なぜなら新しさというモメントなくして近代モードはありえないからだ。フォーブール・サンジェルマンの貴族階級は、今様の本物志向で言うところの本物、すなわち究極の〈高級〉という価値を有していた。服装のもつ階層性の極まるところ、究極の「卓越性」を保持していたのがこのフォーブールであった。けれども、本物からは決してモードは生まれない。

〈本物〉の退屈さ

本物はモードをうまない。なんならこの〈本物〉を自然と言ってもいいし真実と言ってもいいが、そこから近代ファッションは決して生まれない。なぜか？　答えは簡単明瞭、本物は変化しないから、である。逆に言えば、本物＝真実がなしくずし的に解体してゆくところからモードの戯れは始まり、偽物からこそモードは生まれる。だからこそ由緒をもたない新興勢力の空間ショセ＝ダンタンが流行の発信源になるのだ。近代モードのこの本質を『パリ便り』は明察し、いかにも『便り』らしい口調でこう言い切っている。

正直言って、悪趣味とわかっていながらもひとが流行にとらわれるのは当然なのである。それというのもことモードにかんするかぎり、ひどく退屈なのだ、良き趣味というものは。（……）極上のものはそれほどヴァリエーションがないのである。ところがこれとは逆に、奇抜で突拍子のないものは、尽きることがない。イマジネーションにとってはくめども尽きぬ無限の源泉である。悪趣味というものをちゃんと認めてやらなければならない。悪趣味のほうがはるかに創意工夫に富んでいて、面白いのである。

〈悪趣味〉こそ変化の源であり、モードはそこから生まれる。極上の本物はいつもすでに自己同一性のなかに納まっており、変化というものと縁がない。この本物の「趣味の良さ」が卓越性という階層性のロジックに帰着するとすれば、近代ファッションは、この卓越性の論理を切り崩してゆくことから生まれると言ってよいだろう。貴族の宮廷ファッションが王を頂点に戴く位階秩序によってピラミッド型のヒエラルキーをなしていたとすれば、このヒエラルキーが変化というモメントによって徐々に別なものに横滑りしてゆくところ、『便り』はその時代に位置しつつ語っている。たとえば一八三九年五月のある日の『便り』。一昔前の王政復古時代と現在を比較しつつ『便り』は

モードの先端をゆくトレンディな人種はその名もライオン族と呼ばれた。女性は〈軽さのエレガンス〉、男性はイギリス渡来のダンディ。葉巻はダンディの不可欠の小道具。（G・ドレ画）

〈ファッションの新旧論争〉。シック／シンプルにむかうブルジョワ・モードは貴族の華美豪華をわらう。

グランヴィルによるライオン族の風刺画。

宮廷風ヘア・スタイルは硬直した〈モニュメント〉。

言う、「ここ十年来パリには美女の数がふえてきた」、「美は進歩している」と。

「女性の宝石や髪形、服の型、こうしたささいなものはとても大切なものだが、そこには昔には無かったものが取り入れられている。すなわち、軽さとエレガンスである。(……)王政復古時代のファッションはその豪華さそのもののうちに耐えられない硬直性をもっていた」。針金を入れて大きく「垂直に」結いあげ、そこに花のデコレーションをほどこしていた髪形はまるで「そそりたつモニュメント」であり、「そうした髪形には勿体ぶった立ち居振る舞いが要求されていた」。これに較べて、現在のファッションの特徴は〈軽さのエレガンス〉である。「ふうわりと揺れる羽根飾り」「垂れたカール」、このファッションには「どんな硬直性もない」。「重苦しく勿体ぶったファッションの後に、軽やかでラフなファッションがやって来たのである」。

『便り』が語るように、高級、威信、卓越の記号によって形づくられる階層性《ヒエラルキー》の美は〈モニュメント〉であり、モニュメントのように硬直して動かない。本物はいつもすでに本物であって変化を許さないのである。こうした本物の硬直性が退屈なものと感じられるところ、そこから近代モードが始まる。このモダンのファッション感覚をさらに積極的に言うなら、「偽物のほうがすてき!」ということであろう。まさにそれが流行通信『パリ便り』の発したファッション情報のメタ・メッセージであった。

パノラマっ子はイリュージョンがお好き

そのメッセージは、一八四四年秋の『便り』にも鮮やかである。本物／偽物という分節化は、自然／人工という分節化に置きかえることもできるが、「さまざまな美しさ」と題して『便り』は女性の美を「自然な美」と「社会的な美」に分けている。むろん『便り』が軍配をあげているのは後者のほうである。自然の美は、そのままではダサイのである。モニュメントと同じく、これもまた変化しないからだ。「生来（ナチュラル）の美しさにくらべ、人工的な美しさはある大きな長所をそなえている。つまりそれはその美しさが変化するということだ。偽りのない本当の美しさはたいてい単調だという欠点がある。（……）典型的な美は、上品な顔立ちを一幅の生きた肖像にしてしまう。それは否定しようのない美しさではあるが、その美しさは重苦しい。つまり退屈なのだ、いつでも肖像のような風情で額縁を待っているような女性というのは……」。

自然の美はまさに自然であるがゆえに「退屈」であり、本物の美もまたしかり。みずからを偽った偽物の美、そのほうがはるかに誘惑的なのだ。それは自他をはぐらかし、あざむき、戯れながら、さまざまに変化する。要するに、実体より虚像。〈である〉ことより〈らしく見える〉こと。つまりはイリュージョン効果。つねに同一性にとどまるモニュメントが崩れ、実体と外見が乖離してゆき、〈外見〉の誘惑劇が始まるときから近代ファッションが始まる。「外見がすべてである世界では、実質より形態が重要になってくる。舞踏会でも、磨いてない生のダイアモンドは、カットが良くて最新流行の型のイミテーション・ダイアほどの効果を発揮しないことだろう」。

イミテーションが本物に優り、イリュージョンがひとを魅惑する世界。『便り』はまた別の日にこの時代の気分をこう語っている。

> パリ的リアリティとはこれすべて外観にある。われらの眼はジオラマ、パノラマ、ネオラマの眼。軽薄なわれらのまなざしには視覚効果があればそれで十分なのだ。パリジェンヌが奇麗でなくたって、それがどーした？　奇麗に見えさえすればそれで結構。◇◇であること（être）など無であり、◇◇であるように見えること（paraître）がすべてである。

存在《エートル》より外見《パレートル》が重要になり、〈真〉が〈虚〉に横滑りして真を凌駕してゆくときから近代のファッショナブル・ライフが生誕する。装いの位階性システムの終焉はすでに予告されている。

けれども、この位階性システムからの解放は、まったき自由を意味しない。変化という快楽はたちまち義務に転化する。不動のモニュメントから解放されるや否やひとは〈変化のための変化〉の世界に巻き込まれてしまう。カットの良さによって本物のダイアより効果をあげるイミテーション・ダイアであるパノラマ時代の美女には、イリュージョン効果をあげるための〈誘惑の小道具〉が要る。そしてそれは最新流行のものでなければならない。モニュメントにとって代わった「軽やかなエレガンス」はたえず〈今〉を追いかけなければならないのだ。真実の表層への横滑りは〈ナウさの専制〉の始まりなのである。時のトレンドを逸早く察知し、絶えず変化の最先端を行くこと。貴族的な卓越性の美学のメタファーが「モニュメント」であったとすれば、その後にやって来た「軽やかなエレガンス」の時代の美学のそれは「蝶」である。たえず時に舞い、花から花へと移るパピヨン。いつも新しい今を追うこのパピヨンの至芸の技を『便り』に語らせよう。

「モードを維持するには、きっぱりと過去を否定しなければならない」「上流社会のパピヨンから見れば、昨日は必ずまちがっている。……今日だけが不敗なのだ」「生きるために、最新流行児は歩み続けねばならない。かれにとって立ち止まることは滅びることであろう。それは、軽薄さのさまよえるユダヤ人なのだ。さまよえるユダヤ人と同じように、かれの命も永遠であろう。（……）ただし、決して休まずに歩むという条件つきで」。

今日がすべて。今がすべて。たえず新しい新しさがすべて。現在に浮上し明日にはもう否定されてしまうエフェメラの美しさ。近代モードはまことに『便り』の言うとおり「軽薄さのさまよえるユダヤ人」である。そのつど瞬時の命を生きながら、決して休まず、永遠の今に宙吊りになった世界。『パリ便り』がこうして語るファッション感覚は、やがてボードレールがモデルニテということばで語る美意識と寸分ちがっていない。

モードはメディア　メディアはモード

そして、そのモードの専制は、「装う」という人びとの感性のレベルだけにかかわるものではない。本物より偽物が美しく、儀礼的な豪華絢爛よりイミテーション・ダイアのほうがブリリアントになる時代、それはまたファッションが市場に離床し、産業化してゆく時代でもある。今というエフェメラの時との軽やかな戯れは無償のゲームではないのだ。『パリ便り』が言う今ふうの美女に不可欠な〈誘惑の小道具〉にはちゃんと価格がついている。ショセ＝ダンタンから発生してマレー地区で埋葬されるモードは、その回路のなかで必ず〈市場〉を通るのだ。冒頭に引用した『便り』のファッション・レポートは、意図的にトレンドを仕掛ける「服地メーカーの陰謀」を語っていた。やがてデパートという巨大な消費の殿堂が出来上がる第二帝政の直前、すでにパリにはモードの産業化が着々と進行していた。

デパートの前身であるそれは、ずばりその名も〈新しさを売る店〉、すなわちマガザン・ド・ヌヴォテであった。さまざまな流行品、誘惑の小物の種々を売るそれらの店が従来の商店と一線をへだてたのは何といってもショーウィンドーとディスプレイである。本物より偽物のほうが変化に富んで面白く、実質より形態《フォルム》がひとを魅惑するということは、つまりモノのイメージがその使用価値を凌

バルザック『セザール・ビロトー』のモデルともいわれる香水商ピヴェールのヒット商品「トルコ王妃のお白粉」。

駕し、実体がイメージの表層に浮遊してゆくということにほかならない。こうしてモノをイメージ化し、そのイメージの集合《アレンジメント》をつくりだして、錯綜したイリュージョン効果を生み出す——それが、マガザン・ド・ヌヴォテの狙ったショーウィンドー効果であった。バルザックは香水商を描く『セザール・ビロトー』のなかで当時はやり始めたマガザン・ド・ヌヴォテを次のように描写している。その店のウィンドーには「ショールがブランコのように張り渡され、ネクタイがカルタの城のように並べられており」「その視覚のイリュージョンと効果はショーウィンドーが一個の商業の詩と化すまでに完璧の域に達している」。

通りに開かれたこのウィンドーは、誰であれ前を通る人びと全員に開かれていた。モードの階層性は万人に〈目の消費〉を可能にするこのショーウィンドーによってなしくずし的に解体してゆくといってもよい。たとえば『フランス人の自画像』もこのショーウィンドーの誘惑を語って言う、それは「格子ガラス窓の魔法のプリズム」だ、と。貧しいお針子からブルジョワの女性、貴婦人にいたるまで、ひとは皆このウィンドーを通して〈実〉を離れ、虚像の誘惑に身をまかす。「こうして彼女は十五分ほどのあいだ公爵夫人になったりコケットになったりするのである——ガラス窓を通して」。まさにショーウィンドーは「魔法のプリズム」であった。

魔法のプリズムという この表現が良く言いあてているように、マガザン・ド・ヌヴォテのウィンドーは人工の光によって照らしだされている。ライトがあればこそそのウィンドーは商品たちの繰り広げる〈ショー〉でもあるのだ。こうしてかつては閉ざされた世界であった商店が人工的な光を取り入れてアーティフィシャル空間をつくっていったこの時代は、都市全体がそっくりひとつの人工空間に移行しつつあった時代である。決定的なモメントはガス灯であった。闇に閉ざされた世界をガス灯という人工の明かりが光の空間に変えてゆく。シヴェルブシュが見事に析出しているように、このインダストリーの世紀、それ以前には存在しなかった〈速度〉と〈光〉が都市を変容させ、人びとの感覚を変容させてゆく。マガザン・ド・ヌヴォテが大いに賑わった空間は言わずと知れたパサージュである。名高い高級品店が立ち並ぶその空間は、天井にガラスをいただいてガス灯が灯り、通りの両側はすべてショーウィンドーから成っている。要するにパサージュはその全体が一個のマガザン・ド・ヌヴォテだったのである。ガラスの向こうでモノがイメージと化し、そのイメージを目で消費しながら人びとが遊歩する空間。王政復古時代、アーティフィシャル空間の原型はすでにそこにできあがっていた。

『パリ便り』はこの〈遊の空間〉パサージュがかたちを変えて飛躍的に発展するその端境期に書かれている。人工空間がパサージュを越えて一挙にブールヴァールにまで広がるのである。一八三七年八月二五日、パリ―サンジェルマン間に鉄道が開通し、同じその日、グラン・ブールヴァールに初めてガス灯が灯る。遠きを近きに変え、自然の距離を廃棄する鉄道という乗り物、テクノロジー

18 世紀末からあったマガザン・ド・ヌヴォテの老舗「ピグマリオン」。

ショーウィンドーの誘惑。書店のディスプレイ。

1837 年 8 月、パリ—サンジェルマン間に鉄道開通。

のその速度はパリっ子たちをセンセーションに巻きこんだ。そのセンセーションに加えて、ガス灯というこれまたテクノロジーの光が灯る。モダン都市を切りひらいたアーティフィシャルな速度と光がどれほどパリっ子たちにはエキサイティングであったことか。かれらの浮かれ気分をその週の『便り』は次のように伝えている。「鉄道に続いてパリっ子たちをすっかり魅了してしまったもの、それはブールヴァールの新しい照明だ。夜のブールヴァール散歩は素晴らしい。マドレーヌ寺院からモンマルトル通りまで、二列に並ぶ街灯からは白くて澄んだ光がさんさんと溢れ、夢の世界のようだ。そして何という人、人また人の波だろう！」。そのグラン・ブールヴァールのなかでも最もファッショナブルだった目抜き通りブールヴァール・デ・ジタリアンは、ガス灯とショーウィンドーの相乗効果が相まった文字通りの開かれたパサージュであり、イリュージョン空間であった。テクシエが「現実となった千夜一夜の夢」と呼ぶそのブールヴァールを「ファッションの名士たち、そぞろ歩きの優雅な人士たち、全パリ上流社交界」が浮かれ気分で遊歩する。虚の魅惑——それが、近代モード都市パリのファッショナブル・ライフであった。

こうしてアーティフィシャルな明りの効果を存分に活かして、モノをイメージと化し、イリュージョン効果をあげた流行品店マガザン・ド・ヌヴォテとはつまりモノを実体から表層に浮遊させる仕掛けであり、その不可欠の装置がショーウィンドーだったと言えるが、このショーウィンドーはまた商店以外にも場所をもっていた。すなわち、〈紙面〉という見えないガラスに覆われた空間である。モノの表層化とはつまりはメディア化ということだ。モードの専制は同時にまたメディアの専制であるほかないのである。

先に引用した『セザール・ビロトー』中のマガザン・ド・ヌヴォテはショーウィンドーという装置にくわえ、店に「カラーの看板」を高々と掲げており、そこには「風にひるがえる旗」がはためき、「ポスター」がかかっている。看板、旗、ポスター。すなわち広告の装置一式だ。ファッションという語じたいがナウい新語であり流行語として浮上したこの時代は同時に広告にかんする語が一挙に増えた時代でもある。これまでにもみてきたように、広告はこの時代を席巻した新現象であり、時の発明品であった。モード都市はメディア都市――華々しい広告戦略を仕掛けたマガザン・ド・ヌヴォテはこのワンセットをあたかもミニチュアのように具現したモード都市のメトニミーであったと言ってよい。

というのも、これら流行品店の広告は店舗を離れて都市空間に広がってゆくからである。『セザー

ガス灯の明かりとウィンドーがつくる〈イリュージョン空間〉パサージュ。

ガス灯の明かりのもと、アーティフィシャルな光の空間と化した夜のブールヴァール・デ・ジタリアンは、エレガントな人士でにぎわう最高にトレンディな通りだった。その一角にあったカフェ・レストラン、メゾン・ドレは19世紀の歓楽の館として名高い。（ラミ画）

マガザン・ド・ヌヴォテの広告が新聞紙面を占領する。(『イリュストラシオン』紙、1846年10月17日号より)

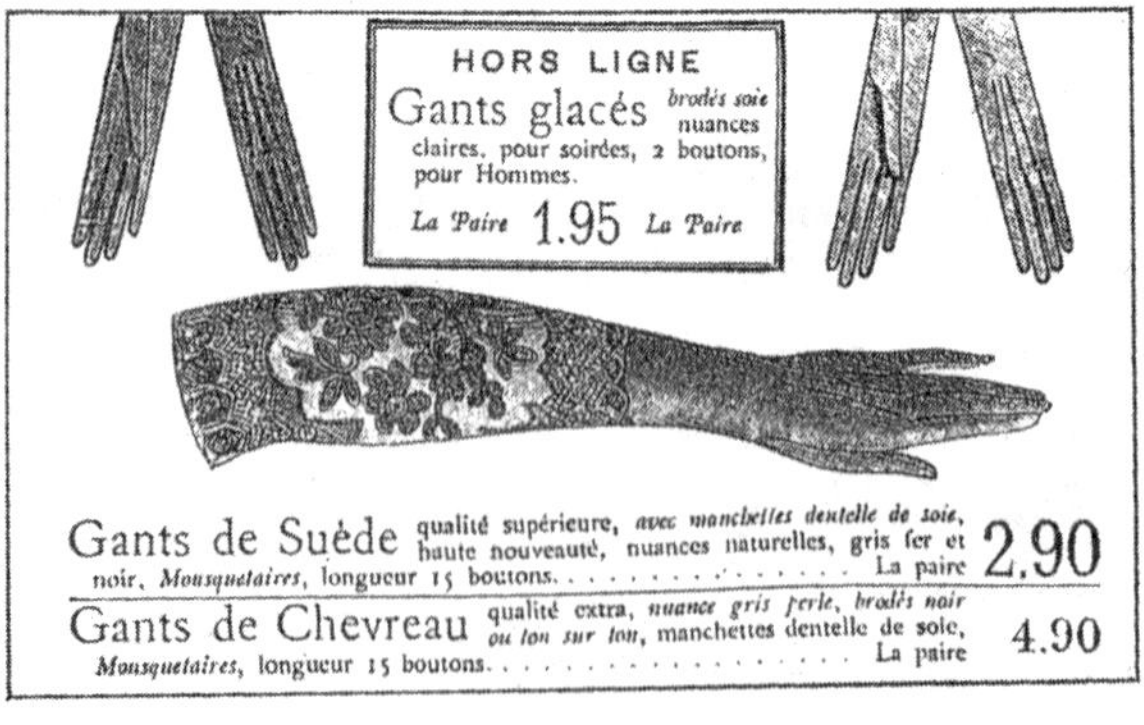

『イリュストラシオン』紙面に浮上する宣伝広告。

ル・ビロトー』はこの時代の波に乗って成功してゆく一化粧品店のメディア戦略を次のように描きだしている。「ここ一月前から、二千枚ものポスターがパリの人目につくありとあらゆる場所に隈なく貼りだされていた。街行く人びとはそこらじゅうでいやでもそれを目にせざるをえなかった」。チラシ、パンフ、ビラ。これらはそれじたいがひとつの〈紙面〉である。ショーウィンドーの中でイメージと化していた商品はこれによってまた紙という表層に横滑りし、つまりはモノから情報へと横滑りしてゆくのだ。情報と商品のドッキング。エミール・ド・ジラルダンが新聞という「情報商品」を発明したこの時代は、加速度的なスピードで商品が情報と化していった時代である。こうしたモノの情報化にあたって決定的な役割を果たしたもの、それこそ新聞という紙面であった。ジラルダンは新聞の四面をすべて商品広告に解放した。その紙面を商品の情報がうめつくす。モノが紙面という〈見えないウィンドー〉に浮上するのである。

こうして新聞紙面をにぎわした数々の案内広告のなかでも、トップを占めていたのは何といってもファッション用品、つまり服飾品であり、そして薬品、化粧品であった。化粧品や薬品の類はまさしく実際的効能より心理的効果にアピールする商品である。だからこそそれらの商品はメディアともっとも仲が良いのだ。荒俣宏の『広告図像の伝説』より一五〇年以上前にすでにバルザックがこう喝破している。「ジャーナリズムの影響力、繰り返し書かれる記事、それが大衆に及ぼすピストン効果を逸早くわかっていたのはこれら化粧品類の販売者たちであった」。まことエステティークにかんする商品ほどメディアにフィットする商品はない。ファッションは、実より虚。すでに商

ルイ＝フィリップ時代の男性モード

店のウィンドーでイメージに横滑りしていた商品はさらに情報に横滑りしながら、モード都市をメディア都市に変容させてゆく。

ブランド効果

店のウィンドーから広告チラシの紙面へ、チラシから新聞紙面へ。近代モードはメディアを通して流通してゆく。こうしてショーウィンドー越し、メディア越しの〈目の消費〉が増殖してゆくにつれモードはますますあの本物のモニュメントの不動性を失ってゆく。こうしたモードの流通を媒介したメディアは新聞広告の他にももちろんあった。モード雑誌がそれである。ルイ＝フィリップ時代はモード雑誌が飛躍的な伸びをみせた時代でもあった。が、ここでは当時のモード雑誌について語るより、ほかでもない流行通信『パリ便り』が果たしたメディア機能にふれるべきであろう。

エミール・ド・ジラルダンは『プレス』の創刊に先立つことおよそ七年ほど前に二年間ほど週刊のモード雑誌を手がけている。ずばりその名も『モード』。ガヴァルニをはじめハイセンスの版画家を使ったその誌面はファッション・プレートとしてのメディア機能を十全に果たしたばかりでなく、バルザックの「エレガント・ライフ考」などをも載せ、時代を先駆けるファッショナブル・ライフを提唱していた。十九世紀パリの新聞界の帝王となるこの男はメディアとモードの相関性をこれまた他人に先駆けて理解していたのである。だが、そうした単なるモード雑誌なら他にもあった。

ジラルダンの画期性はモード雑誌に〈ブランド効果〉を発揮させたことである。ブランド効果。現代日本のそれになぞらえてHanako機能と言ったほうがてっとり早いだろうか。つまりファッション関係の商店名を実名で挙げる戦略を存分に駆使したのである。ターゲットにしていた読者は王政復古時代の上流人士であったから、挙げたブランドはまさにハイライフのそれであり、大衆性はもたなかったが、その発揮した効果はめざましかった。

逆に言えばこのブランド効果を『プレス』という新聞は大衆的に展開していったのだ。その主役がほかでもない流行通信『パリ便り』である。第四面の有料広告欄はまさに「広告」であり、『プレス』の資金源であったが、広告ではない学芸欄の『パリ便り』はすさまじいブランド効果を発揮した。「今週のイベント」「今週のファッション」「今週の舞踏会」「今週の美女」、次々と今を繰り出すそのディスクールにブティック名、メーカー名、商品名、個人名、モノとヒトが実名で登場する。それが『パリ便り』の話法であり、『便り』の絶大な人気はこの話法に負うところが大きかった。『便り』をめくると実名の出てこない週はないといっていいほど例には枚挙のいとまがないが、たとえば先に引用した「イミテーション・ダイア礼賛」「軽やかなエレガンス」のススメには、そのエレガンスに不可欠な〈誘惑の小道具〉が二〇行以上にわたって列挙されている。たとえば、「ドラノー夫人の仕立てによる奇麗な帽子、それにバラ色のリボン、ひき立たせる感じで」。「チャーミングな絹のドレス、さりげなく、気のきいた型。端正な靴……」。こうした調子で、「カップは古セーヴル、コーヒーはイスラム製のモカ百パーセント、チーフは刺繍入りのものを優雅にたたむ……」

ナウさの誘惑（ジラルダン創刊『モード』誌（1829-30年）より）

等々と続いてゆく。このようなディスクールが読者にブランド効果を及ぼさなかったわけがなかろう。

その証拠が一八三七年一一月二五日の『便り』である。長いけれど冒頭から紹介してゆこう。見出しは、ずばり「ド・ロネー子爵への手紙」。それというのも、『パリ便り』にあてた読者からの投書がひきもきらないのである。

「何はさておき、まず憤慨をお許しいただきたい！……。一瞬たりとも休む暇がないのだから。……もうあんまりだ。ご勘弁、ご勘弁を！」「ただいま朝の九時、郵便配達人がやって来る。三通の手紙。田舎からのものだ。第一の手紙は長い論文、それをじっ、く、り、と、読、ん、だうえで『プレス』紙に載せていただきたい、とある。……」

「まあこれぐらいならまだどうってことない。しょうがないさ！　昼食にかかるとしよう。と、盆の上、ティー・ポットのそばに、一通のひどく分厚い手紙がのっている……」。びっしり書きこまれたその手紙は、先回の『便り』の文芸時評への反論だった。放っておいて昼食にかかる。「中国製の素晴らしいカップにティーを注ぐか注がないかのうちに、静かにドアをノックする音が聞こえる。誰だろう？　使いの者で、是非にもわれわれの手に一通の手紙と小箱を渡したいと言う。一通の手紙と、小箱、秘密の使い……。何だろう？　急いで手紙をあけてみよう。手紙はこう始まっている。〝子爵殿　肌刺す寒さが感じられる候となりましたが、忍びよるこの寒さは、唇用のポマードの使用を日一日と欠かせないものにして参ります。当方のポマードをお勧め致します、云々〟結びは、〝貴殿のエレガントなコラム欄でこのポマード御推奨のことばを賜りますようお願い申し上げます〟。こんな手紙を読まされて、こみあげる怒りに身がふるえてくる。われわれは手紙を火にくべ、小箱を使いの者にやり、さっさと追いかえす」。うんざりして、家の者たちに、誰が来ようと留守と言えと命じつける。「だがわれわれがつい憤怒に燃えているうちに突如として控えの間に、ボール箱をかかえたオ嬢サンが現れた。〝ド・ロネー子爵殿でいらっしゃいますね〟と、おずおずした声で言う。こちらが答えもしないのに、ボール箱を開け、小さなボネを三つ、ヘアネット、ブルーのサテンの帽子、それにターバンを二つほど、われわれの目の前にひろげる。〝これらのものは新製品でございまして、子爵殿の御推挙にあずかりたいと存じております。いかがでございましょう〟〝子爵殿はサロンのモードにしか縁がない。ボール箱のモードなど御用なしだ〟。そう答えると、オ嬢サンはひどくがっかりし、ボネと帽子とターバンを箱の底にしまいこみ、しぶしぶと出ていった。われわれもいやな気分でサロンに戻る。が、いったい何だこれは?……驚きに声も出ない」。取るか取らぬかの昼食セットはきれいに下げられて、テーブルには六つの人形がましましている。これまた、人形メーカーがご推奨の願い。こうして次々と悩まされているうちに時がすぎ、外にはさんさんと照る太陽。さあ散歩、と思う間もなく、トン、トン、トン! 何だ? 手紙ですが……。また!……まあ見てやれ。〝子爵殿、いつもかたじけなきおことばをいただきまして、云々、わたくしどもの商店は、云々！〟版画入りの手紙、パンフレットだ。こうして手紙責めに会いつつ日が暮れて、やれやれ配達人ももう来ない。やれ外出というその時に、間一髪で届いた一筆箋。「〝麗しの小鳥こと子爵殿〟だと！　何たる文体！……ああ、匿名の便りだ。助かる！　返事しなくって良いからな。〝麗しの小鳥こと子爵殿、仰せられますな、キルティングの帽子は奇麗ではない、と。だがキルティングの帽子は貴殿御自身よりは奇麗ですぞ〟。しかしてサインは、汝を恐れぬ者より」。

こうしてド・ロネー子爵宛に殺到する読者からの投書をみるだに、『パリ便り』がいかに都市情報として読まれ、ブランド効果を発揮したか、そしてまた、そのディスクールがいかに時のトピックスとして人びとの間に流通したか、メディアという流行の装置の力の絶大性がひしひしとうかがわれる。それ「について」語ってくれる言説Y′をめざして数知れぬYが殺到するのだ。まさに『パリ便り』の流す言説はモード都市の流行の仕掛けとして機能したのである。

パリの空の下、〈うわさ〉は流れる

こうして時に浮上する新しさが価値となり変化が価値となって〈本物〉を解体してゆき、モノが実体から情報へ、YからY′へと浮遊していく時代、同じ変動が「真実」についても起こってゆく。

事実の伝達・報道についても実から虚への横滑りが起こり、「虚報」がひとを誘惑するのである。

ジャーナリズムの言説はひとまず「本当にあったこと」の伝達であり、事件の報道であって、フィクションではない。けれども、時代はまさにフランス史上初の商業新聞『プレス』が生誕した時代であったことをもういちど想起しておくべきであろう。『プレス』の画期性はまさに「語るために語る」というジャーナリズムの言説の発明にある。論説や意見、すなわち言うべきことからの解放をなし遂げたその言説は、「事件報道」を装いつつも、その言説の商品価値は決して「真実」に在りはしない。出来事の有無・大小にかかわらず、毎日四頁の紙面に出来事を分節化するというその操作そのものが何より雄弁にそのことを語っている。けれども、『プレス』はこうした自己の言説のメタ・ディスクールを紙面に明記したわけではなかった。それは、剽窃を謳いはしなかったのだ。だが、その『プレス』のヒット商品である『パリ便り』はこのメタ・ディスクールをいともあっさりと公言してのけた。『便り』は自分の語るトピックスの恣意性をおおっぴらに語ってはばからなかった——面白い嘘は、退屈な真実にまさる。ちょうど、最新カットのイミテーション・ダイアがカットのダサイ本物のダイアより美しいように——これこそ十二年間にわたったこの連載コラムのメタ言語である。

『便り』は連載開始から半年もたたないうちにこのメタ言語をいとも簡単に読者に公言している。冒頭の見出しからして、「さあ、デマを流せ!」である。「……今週は何も新しい事件は起こらなかった。だが、われわれにとって何も言うことがないということは何も語らないでよいという理由になりはしない。ニュースがない時にはニュースをでっちあげるのだ」。こうして『便り』は「でっちあげた」情報を流す。つまりは、虚報、デマ、ゴシップ、うわさ。『パリ便り』はまさに同時代のうわさとゴシップの宝庫である。真実か虚偽か定かでない情報、〈である〉かどうかは確かでないが、〈であるらしい〉情報、毎週のように『便り』にはそうした情報が満載されている。そして、だからこそ『便り』は読者の人気を博したのである。この意味でも『便り』はまさしくモード都市の流行装置であった。真実はただ一つであり、変化しない。だが近代モードとは変化であり、その都度の〈新しさ〉が生命である。新しいものは美しい——それが近代モードのエスプリだとすれば、新しい情報は（たとえ嘘であっても）面白い——それが、近代メディアのエスプリである。

現在、パリをはじめ至るところで人びとは奇妙な好奇心を抱いている。自分の全然知りもしない人びとについてかれらが何をしているのか知りたいという際限のない要求を感じているのだ。（……）ほかのものは無しですませられてもゴシップだけは無しですませられない……。うわさは時代の必要の一つ、必需品の一つなのだ。

この「時代の必要」を良く心得た『パリ便り』はかくして毎週うわさとゴシップを流してゆく。政治家、文学者、名流夫人、あらゆる有名人のゴシップが毎週このコラムに現れては消えてゆく。そしてド・ロネー子爵のペンによって『プレス』紙面に浮上した「時のヒト」は、紙面をこえて都市をかけめぐる。たとえば、一八四一年冬のある日のこと、かの名高いバイロンの夫人がパリに来ていると言う。あるコンサートに夫人が姿を見せるらしい、と。このうわさはたちまちに広まり、大きくなってゆく――「きっといるのよ、この会場に、と誰かが言う。ここにいるわよ、と別の誰かが断定する。ほら、いるじゃない！　と三番目の誰かが思いこむ」。流言ということばどおり、うわさは流通する。モードと同じく、うわさは発生・流通・消滅の回路と時間を有している。ただしモードの場合はモード産業の仕掛けるトレンドがあり、四季のシーズンがあり、前にふれたように予測可能な階層性があるのにたいし、情報はそうした制約をもたない。その流通サイクルは口コミのサイクルであり、サロン、盛り場、等々、一都市の文化のトポロジーにかかわっているが、この十九世紀前半の都市パリでそのサイクルはどのようなものであったか、〈うわさの現象学〉を『パリ便り』に語らせよう。

パリではひとつのデマは、堂々一週間の生存を期待できる。生存といっても、五体健全、満身壮健というものではないが。それというのも、そのデマが最終的に死滅する界隈にまで移り、そこで生きはじめた時点では、発生した界隈ではもう半ば死にかけているからだ。それでもそのデマがすっかりばれてしまうまでには一週間の命がある。というわけで、堂々一週間の将来を約束されたうわさを流すことなど、平気の平左というわけだ。

こうして流されたデマは必ず真実を凌駕する。このときパリに流れていたうわさは「◇◇さんが亡くなった」という虚報。が、『便り』は後をこう続けている。「だが、いったんこの死亡のうわさが流れると、うわさで殺された本人がどれほど叫びたて、自分は生きているとどれほど証明したところで無駄である。それでも構わずうわさは流通する。それこそこのパリの都の素晴らしいところなのだ……いちど流れ始めたうわさはもはや止まらない」。

パリの空の下、うわさは流れる——真実という不動のモニュメントは退屈なのであり、嘘のほうがよほど面白い。情報においても、イミテーションのほうが本物より誘惑的なのである。

ちなみに、ここでは『パリ便り』だけについて語っているが、まことに虚報はこの時代の大きな大衆娯楽であった。『便り』の——そして『プレス』の——ターゲットがトレンドに敏感な中産階級であったとすれば、さらに庶民的な階層のあいだでは一段と格安の「虚報新聞」が出回っていたのである。その名を「あひる」、すなわち「カナール」と言う。判型は高級紙より大きく、記事が印刷されているのは一面のみ、ただし版画イラスト入りである。識字率の低い大衆相手むけの商品であり、こちらは日刊紙とちがって街頭でバラ売りができた。で、その売り物はと言えば、一にかかってセンセーションとスキャンダルであった。J-P・セガン『十九世紀のカナール』によれば、そのトピックスは有名人のゴシップにはじまって、天災、事故、疫病、珍獣、フリークス、そして犯罪、である。犯罪も事故も疫病もセンセーションであればあるほど良い。珍獣も奇怪であるほどウケたが、たいていは六本足の兎とか二頭の羊といったもののヴァリエーションだった。言ってみ

カナール（あひる）は呼売りの瓦版新聞を指し、さらにデマや虚報一般を指すことばとなった。パリの空を飛ぶカナールはうわさを広めてゆく。

カナール売り

れば真実という〈根〉のない情報は様式化するのであって、珍獣にかぎらず、こうした虚報は同一パターンの周期的反復だったのである。この手の虚報は業界用語で「渡りカナール」と呼ばれていた。ツバメさながら、巡りくる季節とともに現れるからだ。それを知りつつ大衆が買って読んだということは、人びとの心性においてやはり真実への要求より娯楽価値、快楽価値が勝っていたということにほかなるまい。

そしてこの快楽価値によって虚報は高級紙にも忍びこんでいた。『プレス』の出現以前、高級紙の老舗であった『コンスティテュショネル』は実はカナールで名高い新聞でもあった。『コンスティテュショネル』名物のそのカナールは、珍獣の極めつけとも言うべき伝説の海ヘビ――巨大な海ヘビがインド洋や紅海に出現し、航海中の船舶のマストに巣をはって沈没させたというものである。以来、「海ヘビ」は記事がないときに出現する虚報の意となり、ジャーナリズム用語になった。海ヘビはいわば大カナールであり、バ

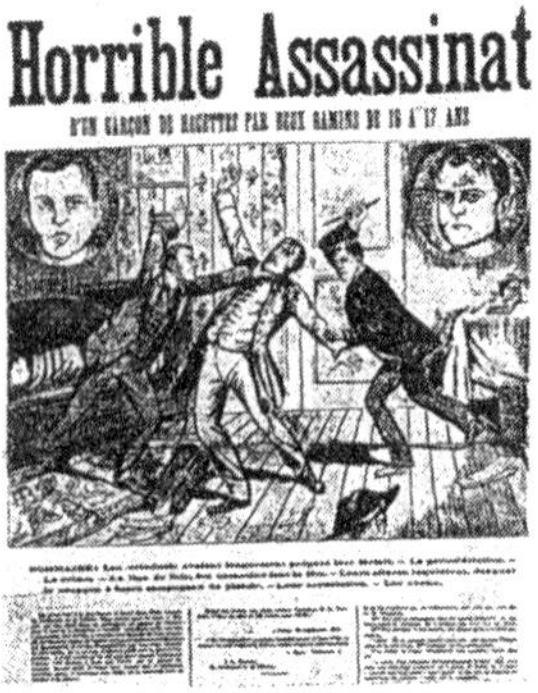

犯罪事件の報道はセンセーショナルであればあるほどよく売れ、煽情的なイラストがいっそう効果をあげた。

ルザックの『幻滅』に言うとおり、「パリの雑報記事がいまいち面白くないとき、何とかするためにでっちあげるまことしやかなニュース」がすべてカナールなのである。つまりジャーナリズムの業界用語になるほどどの新聞にもカナールが紛れこんでいたということである。「さあ、デマを流せ！」と言いながらパリのハイライフをめぐる噂を毎週繰り広げた『パリ便り』は言ってみれば『プレス』紙のトレンディなパリ・カナールであり、だからこそ読者にあれほどウケたのにちがいない。

パリの空の下、うわさは流れ、真偽定かならぬ情報がヒット商品になって人びとの消費に供される。ただしその商品の魅力は不可欠の条件つきである。すなわち、つねに新しいこと、たえず変化すること。モード都市はメディア都市。真実が虚に横滑りしてゆく快楽――『パリ便り』の発するこの感性は間違いなくモダン都市のそれである。そしてこの〈虚〉の快楽は、モードにおいても情報においても、いったんそうなったら終わりがない。

新しいファッションは美しい、新しいニュースは嘘でも面白い――その裏にある定言的命令は、こうである。すなわち、新しくないものは美しくない、古いニュースはツマラナイ。そのつど今に浮上するもの、それだけが唯一の価値である。たえず新しい新しいもの、世界は〈今〉というこの

LE GÉNÉRAL AOUN PLANQUE 15 MILLIONS DE DOLLARS A PARIS

CHIRAC VENDAIT DES PEAUX DE CHÈVRE A CEAUSESCU

La démocratie en 90 ?

Le Canard enchaîné

Journal satirique paraissant le mercredi

Maurice et Jeanne MARECHAL, fondateurs.

R. TRENO, ancien directeur.

T'as de beaux vœux tu sais !

TONTON A KOHL

«Vive la Mitter-Europa !»

La noix d'honneur

Allez, on rentre à la maison :

L'AN 90 SOUS LE SIGNE DE LA PAIX CHEZ SOI

UNE TRÈS BONNE ANNÉE CANARD

Les dernières du Canard

Le Grand Bêtisier de l'actualité

TOUS NOS VŒUX !

VŒUX DE NOUVEL AN

これは現代のゴシップ新聞『鎖につながれたカナール』。（1990 年 1 月 3 日号）

カナールは各紙を渡る。（『ルヴュ・コミック』のカリカチュア）

『コンスティテュショネル』紙名物「海ヘビ」（ドーミエ画）
──「またインド洋に海ヘビが現れたらしいぞ！」「まさか！」「うん、まさかさ。だって言ったろ、なにしろ『コンスティテュショネル』の言うことだからね」

エフェメラの時間の専制の下におかれ、新奇なものの永劫回帰の内に宙吊りになる。

ちなみに虚報新聞カナールは第二帝政の一八六三年、格安のイラスト大衆紙『プチ・ジュルナル』創刊とともに絶えていった。だがその理由はセンセーショナルなニュースが商品にならなくなったからではない。その逆である。ナポレオン三世の言論弾圧の下に生誕し、創刊後二年足らずで二五万部の大台にのったこの大衆紙はもっぱら派手なセンセーションを売り物にする徹底的な非政治新聞だった。つまりカナールそのものが一大新聞産業になったのである。逆に言えばルイ＝フィリップ時代にすでにあった虚報の快楽価値が大々的な商業的実現をみたということだ。マガザン・ド・ヌヴォテとデパートの関係も同じことであろう。ブルジョワの時代十九世紀、モード／メディアの専制はモダンの生誕とともにすでに始まっていたのである。

9

モードの専制

消費の近代

「時間と空間を抹殺する」鉄道（シヴェルブシュ）に象徴される十九世紀前半、速度と効率を求める生産の論理が席巻した近代、そのリニアーな時間意識の裏側には、今という瞬間によって時を非連続化し断片化するもうひとつのエフェメラの時間、モードとメディアの〈虚〉の時間が影のように寄りそっていた。勤労《インダストリー》の時間に対するそのもうひとつの時間をバルトにならって「祝祭の時間」と言うこともできよう。モノ、ヒト、すべてをその快楽価値ではかり遊戯化して享受する消費の時間、その時制はいつも新しい〈今〉であり、絶えざる現在である。モードとメディアの専制はすべてを今の支配下におく現在主義にほかならない。

消費のこの現在主義はリニアーな生産のロジックに寄りそいながらそれを漸進的に腐食し、解体させてゆく。近代産業社会の展開のゆきつくところ、高度大衆消費社会と呼ばれる二十世紀末、溢れかえるモノがすべてその実体から表層に浮遊し、快楽性と遊戯性によって瞬時のうちに消費される奇妙に空虚な光景は、「生産の近代」の当初からすでに胚胎していた消費＝祝祭のロジックの展開の帰結というべきであろう。彼方にあったかに見えた〈青い花〉は、モードとメディアの専制の下、絶えざる現在のうちに駆りだされて瞬時のうちに人びとの消費に供されてゆく。そうして終わりなき現在のうちに宙吊りになった世界のなかで、わたしたちはもはや何が真実であり何が仮象であるのか到底いいえぬ地点にたどりついている。真実が漸進的に虚に横滑りしたあげく、真実／虚偽というコードそのものが解体をきたしているのが現状であろう。というよりむしろわたしたちは真実／虚偽という境界線そのものが、近代の〈物語〉であったのだと了解せざるをえない地点に運ばれている。

物語の終わり。境界の終わり。重要なのはその「終わり」を確認することである以上に、何がこの終わりをもたらしたのか、そのファクターを「始まり」のうちに見ることであろう。モダン／ポストモダンという言いかたは、あたかもそれが歴史的継起であるかのような誤解をまねく。モダンの始まりの当初からポストモダン的感性はすでに胚胎していたのだ。言うなれば、モダンはつねにすでにポストモダンであり、モード／メディアの専制はモダンの生誕とともにすでに始まっていたのである。わたしたちが見てきたように、芸術／マスカルチャーという境界はなんら自明なものではなく、芸術を生誕させたのはロマン主義という名の〈芸術物語〉であった。芸術家に幻想的な特権を錯覚させ、プリンスを詐称させたその物語が終わった時、その物語の外にあってそれを生成させていたメディアという大きなフレームがみえてきたにすぎない。この事態を、境界のなしくずし的消滅と呼んでも同じことであろう。

〈恋愛〉という流行

作者とそうでないもの、作品とそうでないテクスト、名とそうでないもの、真実と虚偽、二十世紀末の今、いたるところでわたしたちはそれらの境界のなしくずし的消滅に立ち会っている。そして、それらさまざまな境界のなかでももっとも大きなもののひとつ、男／女というジェンダーの境界についても事態は変わらない。十九世紀は〈女〉という大きな物語が生誕した時代である。その物語を「永遠に女性的なるもの」と呼んでも女性神話と呼んでもかまわないが、その物語に支えられて一時代を席巻した流行現象こそロマンチック・ラヴであろう。ファッションにもまして恋愛こそ流行現象である。

そして作者・芸術・作品といった物語と同様、恋愛という物語もまた、それが自明なものとして人びとの感性にひろく共有されてしまうとき、その物語性＝虚構性は意識にのぼらなくなる――まさにそうした事態をさしてロマンチック・ラヴ・イデオロギーと言うのだが、『パリ便り』の書かれた十九世紀前半はその物語がいまだ不動のフレームとして定着せず、微妙に揺れうごいている時代であり、だからこそ移り変わる流行として意識にのぼり、言説化された時代である。流行通信『パリ便り』は「恋愛の流行通信」でもあるのだ。たとえば一八四一年の『便り』は語っている。「ただいま情熱恋愛流行中」と。

バイロン派の冷ややかな型の恋愛はもう終わってしまった。幻滅を装い、もはや愛せず、愛そうともせぬ男、つくしたり、やさしい心遣いをみせたりすることのできぬ者、冷ややか男となって、女の心をひくことそのものを拒否する男、そんな男でいるのはとても結構なことだった。良い気分でソファーに身をのばし、倦怠で倦んじ果て、心疲れて、悲痛な様《さま》を装い、すっかりできあがってさあ食べて下さいというような慰めが天から降ってくるのを待っているのは実に良い気分だった……。(……)ところがかれらは、そうしてかれらに天から降ってくるのは、決まって年寄りの女ばかりという不都合に気がついたのである。それというのも若い女はたいてい、どうか愛して下さいと向こうがやってくるのを待つことしか頭にないからだ。

バイロン型恋愛の終わり。そしてやってきたのが情熱恋愛である。「再びはやるようになったもの、要するにそれは恋愛である。昔のような正真正銘の恋愛だ。ひたむきな愛。純で、うっとりと、心奪われ、崇高な愛！　一言で言えば、今年は、擬ロマネスク恋愛がひろく受け入れられている」。時代はまさにロマン主義の全盛期、ロマンチック・ラヴとは文字通りロマン主義的恋愛だが、そうであればあるほど、おおざっぱにロマンチック・ラヴというコンセプトでくくられた男／女の境界をロマン主義の諸相に内在してみるべきであろう。

『パリ便り』がその終焉を伝えているバイロン旋風は、「欲望の対象としての女」という物語が定

19 世紀はイギリス渡来のダンディズムの時代。スポーツとならんでエレガンスと遊惰もかれらの世界の特権だった。ダンディズムとともに、クラブなど男だけの社交場もつくられてゆく。

着する直前の時代の流行である。バイロン旋風、またの名をダンディズム——これこそ発祥の地イギリスから渡ってきたロマン主義という流行風俗のなかでも最大の流行の一つにほかならない。このダンディズムについては後にもふれるが、重要なのはダンディズムにおいて〈誘惑する身体〉は男であるということだ。欲望を煽りたて、フェティッシュな欲望の対象となるのは男の身体——それも着衣の身体である。ジラルダンの創刊したモード雑誌『モード』の新機軸の一つは、女性ファッションに劣らぬ比重を男性ファッションにさいたことにあった。ダンディズムとは何より衣装の誘惑であり、表層の誘惑である。まなざしの対象となるフェティッシュな身体は女である以前に男だったことを忘れてはならない。

　王の身体がすべての臣下のまなざしの対象であることをやめたブルジョワの世紀、「相手をひき寄せ、灼きつくす炎の役割を果たすのは、十九世紀前半は宿命の男（バイロン的ヒーロー）であり、後半は宿命の女である」。このマリオ・プラーツの言を銘記すべきであろう。欲望の対象《オブジェ》という役割を女の身体が独占し、あたかもその自然的属性であるかのような物語が定着してゆくのは十九世紀後半、『パリ便り』がちょうど筆をおく後に始まる第二帝政期からにすぎない。「女の神秘」神話は意外なほどに歴史が短いのである。バイロン型恋愛の終わりと情熱恋愛の始まりを語る四一年の『パリ便り』はちょうどその境界の移行期を伝えている。

　そしてその境界の移行はまた、モードの転換期でもあった。デパートから交通網まで大衆消費社会のインフラストラクチャーが整ってゆく第二帝政期はオートクチュールの成立期でもある。周知のようにオートクチュールというファッション産業は女性をターゲットとして成立し発展した。〈モードの専制〉はひとまず女をイメージの表層に閉じこめ、抑圧する装置として生成したのである。華麗な衣装が女性の身体を覆い、覆い隠すことによって「秘められた」身体の神秘を煽る――この近代の性の神秘神学こそロマンチック・ラヴ・イデオロギーにほかならないが――こうして排他的に女をまなざしの対象とし〈人形〉化することによって生成発展したモード産業に、「宿命の女」という世紀末文学が呼応している。こうして女を消費とイメージの領域のうちに囲いこみ、男を生産の領域に囲いこんでいったジェンダーの領分線がつい昨日まで機能していた近代の男／女の境界線であることは多言を要しないであろう。

〈美女〉と〈青鞜〉

近代のその領界線はまたテクストのそれでもあった。身分の特権に代わって「書く」という労働が栄光を夢見させ、プリンス願望を煽りたてたロビンソンの時代、そのエクリチュールの主体は男性であった。ロビンソンの〈島〉はファロスの王国である。書くこと《エクリチュール》によって成り上がる企て――それがわたしたちのみた〈ロマン的魂〉の真相であったが、その企ての主体は男であって女ではない。ロビンソンの〈島〉のメタファーは、女を排除する境界線のそれでもある。

そうしてエクリチュールという労働とテクストの生産が――つまりは作者という神話が――男性

〈女性クラブ〉の光景——われわれは以下のことを要求する。第一に、スカートのかわりにズボンをはくこと。第二に、夫は少なくとも週に三回家事にたずさわること。第三に、男と女のあいだには、自然が授けた差異以外いかなる差異も存在しないこと。

の領分として生誕した十九世紀、その境界線を越境した女たちがいる。近代が男性による女性の抑圧の始まりであるとすれば、同じ時代はまたその抑圧への抵抗の始まりの時代でもある。ロマン主義の時代はフェミニズムの誕生をみた時代でもあり、しかもそのフェミニズムはすぐれてエクリチュールにかかわっている。イギリスから遅れることおよそ半世紀、一八三〇年代、『プレス』とともにフランス・ジャーナリズムは飛躍的な発展を遂げていったが、そのジャーナリズムの興隆期は女のエクリチュールの始まりでもあった。この頃から創刊相次ぐ多数のモード雑誌、家庭雑誌のかたわらで、さまざまな女たちが「女自身の声」を書きはじめる。ある時にはサン゠シモン主義の機関紙、ある時には社会主義の運動とともに、この時代は多数の女性ジャーナリストの輩出をみた時代である。

彼女たちの書いた記事は無署名か、さもなければファースト・ネームだけのものが多かった。男たちのエクリチュールの島は〈名〉と結びつき、栄光と結びついていたが、女たちにとって、書くことは「書く権利」の行使であった。つまり書くこと自体がジェンダーの越境だったのである。

そのことは、当時のおびただしい風俗書をめくってみてもただちにわかる。『フランス人の自画像』からドーミエの風刺画にいたるまで、必ずといっていいほど挙げられている項目にブルー・ストッキングがある。ブルー・ストッキング、あるいは青鞜。これまたイギリス由来のものだが、十九世紀前半のフランスに出現したブルー・ストッキングとは何より「ものを書く女」であった。それにたいする揶揄風刺の数の多さが当時においていかに女のエクリチュールが負の記号であり有徴項であったかをまざまざと語っている。近代のテクストにはくっきりとジェンダーの境界線が引かれている。ロマン主義文学というロビンソンたちの栄光の島はまさにファロスの王国であった。

そのロマン主義時代、書くという越境行為を犯し、それでいて時代に受け入れられた女が二人いる。ひとりはあまりにも有名なジョルジュ・サンド。そしてもうひとりはデルフィーヌ・ド・ジラルダン、すなわち『パリ便り』のライター、シャルル・ド・ロネー子爵である。二人は生涯の友人であったが、ともにテクストに男性名で署名した女性作家であった。けれども、この二人を決定的にへだてているのは自分の性アイデンティティに対する態度である。ジョルジュ・サンドという現象をここで詳しく論じるつもりはないが、男装の作家サンドの場合にはあきらかに「女であること」への異議申し立てがあり、それゆえの両義性がある。ところがデルフィーヌ・ド・ジラルダンの生

男装の作家ジョルジュ・サンド

ジョルジュ・サンドの肖像

〈美女である幸せ〉デルフィーヌ・ド・ジラルダン

涯にはみじんもそれが見当たらない。彼女ほど「女であること」の快楽に徹した作家もめずらしいだろう。

二十歳足らずの若さで文壇にデビューし、生来の美貌で幾多の芸術家からミューズとうたわれたデルフィーヌは数々の詩作品を遺しているが、十八歳の若さで書いた詩のタイトルの一つがあまりにも見事に彼女の生涯を言いつくしている。すなわち、「美女である幸せ」。四十代にしてなおサロンの華として君臨した美貌のレカミエ夫人を称えて唱った詩だが、レカミエ夫人以上にデルフィーヌその人を語るものとして年代記や回想録の類が必ずふれている名高いこの詩は、思わず読む者の微笑を誘わずにはいない次の章句で結ばれている。

何たる幸せでしょう、美女であることは。ああ、何と私は幸せなのでしょう。

ロマン主義を卒業してメディアの商人となったエミール・ド・ジラルダンが若き日に遺したロマンスのタイトルは「夢を見ていた」であり、「二度と愛すな」であった。そのタイトルが計算合理性に徹した企業家ジラルダンの何者たるかを雄弁に語っているのと同様に、デルフィーヌの「美女である幸せ」もまた彼女のアイデンティティを雄弁に語っている。女であることにルサンチマンを抱くにはあまりに彼女は〈美女〉であり、美女である快楽を恣《ほしいまま》に生きた。ちなみにこの美女は、それでいて生涯にいちども情熱恋愛らしい恋愛をしていない。対照的にジョルジュ・サンドの恋愛遍歴は文学史上周知のとおりである――ある日の『便り』は、「新しい誰かと結ばれるたびに新しい小説」を書くサンドについて、「文は男《ひと》なり」というビュフォンの言は彼女にこそふさわしいというジョークを引いているが、そのサンドとは対照的に、デルフィーヌの「美女である幸せ」は、フェティッシュな欲望の対象という近代の恋愛物語とはどこかコードがちがっているといわざるをえない。

そして、そのデルフィーヌは十二年間、流行通信『パリ便り』のテクストを男性名で書き続けた。だが、男性作家たちの名が〈不朽の名〉をめざし、モニュメントをめざしていたのとは対照的に、そのエクリチュールはひたすら消えゆくこと、瞬時に消費されることをめざし、エフェメラのエクリチュールに徹している。アンチ・モニュメント――『パリ便り』のスタイルをそう言うこともできるであろう。つかの間の今こそすべて。アンチ・モニュメントの近代モードを語りつづけた『パリ便り』は、その内容に劣らずそのスタイルにおいて〈ファッション主義〉である。虚と戯れ、今と戯れる快楽に身をまかすこと。美女が男性名で書きつづけたこの『パリ便り』について、ボードレールが実に印象深いことばを残している。デルフィーヌ・ド・ジラルダンは『便り』を一八四八年まで続けるが、病気その他の理由で一八四六年の一年間は休載していた。その休筆の間をボードレールはこう語っている。

ジラルダン夫人はもはや『パリ便り』を放棄し、狩猟ラッパや乗馬靴について書かなくなっている。ド・ロネー子爵はもはや乗馬鞭を振るわなくなり、ダンディズムの栄光を断念するのだ。はかない栄光！　彼は葉巻の吸い殻を遠くへ投げ捨てる。彼は主婦となるのだ。

この文がはたして間違いなくボードレールのものかどうかは確かでないが、女が男性名で書くモード通信、その戯れのスタイルをダンディズムと評する感覚はいかにもボードレールらしくはあるまいか。少なくともこの批評は、『便り』が同時代人にあたえた――それも、ボードレールのようにモードのもつモデルニテの魅惑に敏感な人びとにあたえた――印象をあざやかに語っている。お忍びの仮面をつけて〈虚〉と戯れるファッション主義。バルトはモードの快楽をアイデンティティの「贅沢な楽しみ」と語っていた。「それは、自分を多数化してみることができるほど十分に裕福で、決して自己喪失する恐れがないほど安定した人物のための最終の贅沢である」と。美女である幸せを生きつつ男性名で書いたデルフィーヌ・ド・ジラルダンについて言うのに、これほどふさわしいことばはほかにないのではなかろうか。

その「贅沢な楽しみ」を楽しんだ女がフェミニストであったかどうか、問うも愚かであろう。抑圧ということばほど彼女から遠いものはない。だがあえてそれにふれるのは、その彼女が『便り』のなかで実に微妙な〈問題発言〉をしているからである。先にふれたように、時にブルー・ストッキングが出現した時代。一八四四年三月の『便り』はそのブルー・ストッキングにたいして痛烈な批判を投げかけている。問題のセンテンスはこうである。

——さあ、そろった……新聞第1号創刊にむけての会合。

——赤ん坊、もっと向こうにやってよ。仕事ができないじゃないの……。

ドーミエによるブルー・ストッキングの風刺連載。

……すべてのフランス女性は頭が良い、ただしブルー・ストッキングをのぞいて。

ちなみに『十九世紀ラルース』の青鞜（bas-bleu）の項をひくと、少ない用例の一つにジラルダン夫人のこのセンテンスが引用されている。

その日の『便り』のトピックスは次期アカデミー会員選出について。世に高名な女性がいながら、なぜアカデミーの椅子に女性がつかないのかという議論に始まって、『便り』は「男の帝国」フランスにたいする軽妙な批判を展開している。「このご立派な騎士団の国では、女にはいかなる個人的尊厳も禁じられている。女は男の反映でしか輝けないのだ。ご存じのとおり、女に王位継承権をあたえぬサリカ法典がいたるところで女たちを縛っている」。だが、と『便り』は反論する。女のこの劣性は決して「女の生来の劣等性」を証明するものではない、その証拠にフランスの男と女を比較してみれば必ず男より女のほうが頭が良い、と。そして、『便り』はそこにただし書きを加えるのである。ただしブルー・ストッキングをのぞいては、と。

「数年前、ブルー・ストッキングの連中はすべてを台なしにするところだった。なんて馬鹿な連中！……ブルー・ストッキングは反逆し、自由な女を主張した。連中はすべての者に権利と空気とインクを要求したのだ。あげくに女たちはもはやダンスをやめてしまった！……それからしばらく、ブルー・ストッキングの影響は徐々に消えていった」「……幸いなことにフランス女性は自分たちの軽薄さをとりもどしたのだ。彼女たちは再びみずからの帝国を見いだしつつある」。

『便り』のこのブルー・ストッキング批判はさまざまに解釈可能であろう。女は女の領分を守れ、男と対等な権利を要求するなという問題発言だと解釈することもいたって簡単である。事実、ジラルダン夫人は夫ジラルダンにたいして、生涯、非の打ちどころのない貞淑な妻であり続けた。十二年間にわたった『パリ便り』の終わり、一八四八年の二月革命勃発を伝える最後の何信かのうち、とりわけ最後から二番目にあたる一八四八年六月三〇日の『便り』は、ド・ロネー子爵ではなくジラルダンの妻としてのデルフィーヌの肉声を伝えて感動的である。バリケードに銃声が轟き、戒厳令がしかれた六月反乱のパリ、共和派政府批判の科で『プレス』紙は発行停止を命じられ、ジラルダンは逮捕、投獄される。政府への非難をこめてジラルダン逮捕のいきさつと釈放要求を語る『便り』は、それまでのド・ロネー子爵の文体とは一転して一人称の「わたし」で綴られている。「六月二五日、日曜日、夕方の七時のことだった。わたしはジラルダン氏が逮捕されたことを知った。わたしが彼に会わなくなってからもう三日になる。バリケードと聞いただけで、彼はモンマルトル街に向かったのだ……」。ド・ロネー子爵ではなくジラルダンの妻が語っているこの『便り』は、たしかにドラマチックな幕切れのように読者の胸を打ち、ド・ロネー子爵がほかでもないジラルダ

「1848年のミューズ」
『パリ便り』の連載は1848年二月革命勃発の記事で終わる。騒乱のなか、『プレス』編集長ジラルダンは反政府記事を書いた科で逮捕されるが、その逮捕の一件を急遽『便り』に綴るジラルダン夫人を描いたカリカチュア。

二月革命勃発

ンの「妻」であることをあざやかに伝えている。

デルフィーヌの夫への献身はしかし、強いられた忍従の美徳でもなければ抑圧の甘受でもなかった。この〈美女〉に生涯無縁であったもの、それは、男の権力への羨望である。というよりむしろ、『パリ便り』が十年以上の長きにわたって発信しつづけたメタ・メッセージをさらに積極的にいうなら、それは、「男の帝国」など羨ましくもなければ欲しくもない、という気分ではなかろうか。軽薄さの帝国の快楽。ミーハーであることの快楽。『便り』の随所にこのメッセージがみてとれる。軽薄さこそすべて。ファッションこそすべて。ロマン派作家たちが不朽のテクストというモニュメントをめざし、男たちが生産をめざしたインダストリーの十九世紀、その「男の帝国」の側に越境するのではなく、あえてそのこちら側にいたいという欲求、それが、この美女の問題発言ではなかろうか。ブルー・ストッキングを批判したくだんの『便り』は終わりをこう結んでいる。「高名な女性たちはと言えば、彼女らは諸君にこう言うであろう。私たちはアカデミーの栄誉など少しも夢見ておりません、と」。

アカデミーの名誉より、軽薄さの帝国のほうが魅力的。すべて硬直したモニュメントにアンチしながら、名誉より軽薄さを愛し、不朽のものよりエフェメラのものを、本物よりイミテーションを選び、「退屈な真実」より「面白い嘘」を愛した流行通信のライターは語のあらゆる意味でファッション主義者だったと言えるだろう。時はファッションが女の義務となり女の神秘神学の装置となってゆく第二帝政の直前である。第二帝政とともに男はファッションの領域から締め出されて勤勉なブルジョワの〈黒服〉に身を固めてゆく。以後、現代のわたしたちになじみ深い男／女のジェンダーの境界線が引かれてゆく過程はここに詳しく述べるまでもあるまい。

モードは境界に及び

そしてその近代の引いたジェンダーの境界線は二度目の世紀末のいま、なしくずしの解体をむかえつつある。あたかも近代の発展そのものがみずから近代の終焉を招きよせているかのように。というのもいまや〈モードの専制〉はまさにその専制によってジェンダーの領分線を危うくしているからだ。あらゆるものを表層と化しメディア化せずにはいないモードの帝国は性を超える。モードの時制は絶えざる現在であり、今に浮上する新しさがその至上命令である。バルトの『モードの体系』が言うように、モードという「祝祭の暴君」はありとあらゆる時間をエフェメラの今という支配下におく。そしてこの〈今〉という至上命令はジェンダーの領界を越えて越境し、解体させてゆく。モードにあって「重要なのは年代であって、性ではなく」、「そこでは年代が優越していて性が消滅する」のである。

〈今〉の誘惑は、性の誘惑より強い。表層の誘惑は、肉体の神秘より強い。オートクチュールの美学は、表層（飾ること）によって深層（隠すこと）をつくりだすことに在った。「見えるもの」のアートは、「見えないもの」を想像させるアートであり、その二重性によって女というジェンダー神話の創造にあずかっていた。ところがその後のモードの展開は、表層の誘惑の加速度的展開とともに、深層の真実を無効化する方向にむかったと言えるだろう。見えるものは見えないものを覆う仮象であって、真実の〈私〉は秘めたところに在る——こうした〈真理のコード〉がひたすら希薄化してゆく地平、それをポストモダンと呼ぼうがメディア社会と呼ぼうがかまわないが、それこそモードの専制が招来させた地平であろう。表層がすべて。見せかけがすべて。複数の見せかけがそのまま〈私〉であって、その複数の私を一に統一する〈真の私〉などどこにもありはしない。表層は深層というレフェランスぬきで自足するのである。まさしくバルトが言うように、モードの文法はひたすら自己言及的であり、モード以外のレフェランスをもっていない。モードにとって性は関与的でないのである。

この成り行きを近代モード産業の展開に即して言いかえるなら、こうも言うことができよう。女を「らしさ」のうちに閉じ込め抑圧する装置として生誕したモード産業は、そのみずからのロジックの展開によって「らしさ」からの解放に向かったのだ、と(リポヴェツキー)。二十世紀のプレタポルテ革命は女性をコルセットから解放し、さらにスカートから解放する方向にむかった。いまやファッションは女を一つのアイデンティティに囲いこむ抑圧のアートであるよりむしろ複数の「らしさ」の戯れであり、消費の祝祭の快楽である。

そしてこのモードという消費社会の「祝祭の暴君」は、いまや男性をも巻きこんで進行しつつある。いまやと言ったが、十九世紀の流行風俗についてみているわたしたちからすれば、ふたたびと言ったほうが的確であろう。近代モードの生誕以前、貴族ファッションの〈モニュメントの美学〉はジェンダーを分節化する以上に、身分の記号として位階秩序《ディスタンクシオン》を分節化していた。その位階秩序のコードを新しさというもうひとつのコードで解体させていったブルジョワジーのモードは、ダンディズムというかたちをとった男性ファッションから始まったのだ。

存在（être）は無、見せかけ（paraître）こそすべて——十九世紀の流行通信『パリ便り』はモダンの時代の〈美女〉をそう語っていたが、その銘は、女性以上にダンディズムの神髄を語ってあまりある。そして、さらに言うならそれは、王の身体を頂点に戴くバロックの宮廷世界の銘でもあり、その世界のブルジョワ化がダンディズムという現象なのである。祝祭性、演劇性、イリュージョン——すべて〈虚〉をコードにしたヴァニティの世界が宮廷から市場に移行してゆく、その移行期に現れた現象がダンディズムなのであり、重要なのはそこに連続しているモメントが「男性の身体」ということである。その後、近代モードがオートクチュールとして産業的に確立してゆくにつれ、ファッションが「女の領分」になっていったにすぎない。ファッションと女性神話との結びつきはたかだか一五〇年ほどの歴史的現象でしかないのである。

そして、それからおよそ一世紀半あまり、そのモード産業のさらなる展開が、みずからもうけた性の境界をみずから越えつつある。新しさと変化の誘惑が——すなわち〈モードの文法〉が——ゆきつくところジェンダーのコードを凌駕しつつあるのだ。『パリ便り』の話法にならって、この事態をこう言ってもいいだろう。——退屈なのだ、本物は。真の男とか真の女とかいう境界は、と。

境界の漸進的横滑り。ジェンダーの境界は、真実／虚偽というコードもろとも、なしくずし的な解体をみせている。衣装が身体を覆う〈仮象〉であり、その仮象の〈真実〉が身体であるという古典的二分法は、コマーシャルやポルノといった身体のイメージが氾濫するメディアの専制のもと、もはやアナクロニズムと化している。どこまでが真の身体でどこからが虚の身体なのか、もはやわたしたちはその境界を言うことすら不可能であろう。もはや何が真実で何が虚偽であるのか言いえないこの地平は、男／女というジェンダーの分節化自体がそっくり無効化しつつある地平だというよりほかあるまい。

十九世紀の流行通信をみてきたわたしたちにとって、この地平は、あたかもひとつの交差配列法《キアスム》を見ているような気がする。近代の始め、成長発展をめざす生産のリニアーな時間意識のかたわらには、時を恣意的に分断化し、すべてを瞬時の「祝祭」に変える流行の時間、エフェメラの消費の時間が寄りそっていた。その快楽原理によってメディアの時間でもあればモードの時間でもあるこのもうひとつの時間は、資本自身が消費を自己の積極的モメントとして発展してゆく二十世紀型資本主義の到来とともに社会の表舞台に浮上し、世紀末の現在のわたしたちの日常意識をつくりなしている。すべてが〈今ここ〉に浮遊してエフェメラの輪舞を踊りながら、真実／虚偽、男／女、芸術／マスカルチャー、さまざまな二項対立を別のものにむかって横滑りさせていっている光景は、モダンの始まりに在ったひとつの「様式」のドラスティックな展開の帰結ではなかろうか。

その様式とはほかでもない流行《モード》というそれである。真理でもなければ言説でもなく、ましてやイズムでもない何か、それでいてそれらよりはるかに確実にわたしたちの欲望に働きかける何か——おそらく〈流行〉とは消費社会の無意識の祝祭様式なのであろう。流行通信『パリ便り』はその伝達内容によって多くの知識をもたらし、十九世紀文化史の思いがけぬ表情を伝えてくれるが、メディアの商人ジラルダンがその創始した新聞の言説内容でなくメディアというその形態によって現代に直結するのと全く同様に、この流行通信の最大の魅力は、たえず今を浮上させるそのディスクールの身ぶりにある。絶えざる変化という身ぶり。その変化の快楽を愛し、虚の戯れを演じつづけながらブルー・ストッキングを批判した『パリ便り』のファッション主義は、メディア／モードの〈虚の快楽〉に淫したわたしたちの世紀末の気分にそのまま重なりあう。流行という様式は、わたしたちの無意識の欲望にはたらきかけながらいつしかジェンダーの境界線を解体しつつあるのだ。

むしろ問題は、そうして近代の大きな物語を葬り去ったモードの快楽が姿の見えない権力と背中あわせだということであろう。〈青い花〉はテクノロジーの操作するワンダーランドと化し、一瞬一瞬変化するそのワンダーが日々わたしたちの目を奪う。モダンの大きな物語からの解放は、メディアという巨大なワンダーランドへの横滑り以外のなにものでもない。わたしたちは〈虚しさ〉のなかに——それも、一見、虚しさとは逆の蠱惑的な表情で絶えずわたしたちを誘惑してやまない虚しさのなかに塗りこめられている。モードの快楽のどこまでが快楽であり、どこからが権力なのか、その境界線そのものが薄らいで定かでない地平——それが、この空虚な明るさのなかに宙吊りになった二十世紀末の光景なのであろう。

モードという絶えざる変化の様式は、無数の変化に次ぐ変化を重ねながらわたしたちを別の何かの「不連続」に運んでゆく。モードの専制の下、確かに起こっているその不連続がいったい何であるのか、それを名ざすことがわたしたちに残された課題であろう。

主要引用・参考文献

Madame Emile de Girardin, *Lettres parisiennes, Œuvres complètes*, 6 vols., Plon, 1860-1861.

Vicomte de Launay, *Lettres parisiennes par Madame de Girardin*, 4 vols., Michel-Lévy, 1857.

Lettres parisiennes du vicomte de Launay par Madame de Girardin, Mercure de France, 2 tomes, 1986.

Delphine de Girardin, *Chroniques parisiennes*, Ed. des femmes, 1986.

Jean Balde, *Madame de Girardin*, Plon, 1913.

Léon Séché, *Delphine Gay, Madame de Girardin*, Mercure de France, 1910.

Pierre Pellissier, *Emile de Girardin*, Denoel, 1985.

Maurice Reclus, *Emile de Girardin*, Hachette, 1934.

La Mode, éd. Emile de Girardin et al., 1829, 1830.

Balzac, *La Comédie humaine*, t.6, t.12, Gallimard, 1977, 1981.

Balzac, *Œuvres diverses, Œuvres complètes*, t.22, t.23, t.24, Club de l'honnête homme, 1956.

Balzac, *Lettres à Madame Hanska*, t.3, Delta, 1968.

Baudelaire, *Œuvres complètes*, t.1, t.2, Gallimard, 1975, 1976.

Théophile Gautier, *Portraits et souvenirs littélaires*, Charpentier, 1881.

Sainte-Beuve, *Portraits contemporains*, t.2, Michel-Lévy, 1870.

Sainte-Beuve, *Causerie du Lundi*, t.3, Garnier, 1852.

Louis Reybaud, *Jérome Paturot à la recherche d'une position sociale*, J-J. Dubois, le chevalier et Cie, 1846.

Jules Janin, *Un Eté à Paris*, Curmer, 1843.

Jules Janin, *Un Hiver à Paris*, Curmer, 1843.

Les français peints par eux-mêmes, 9 vols., Curmer, 1840-42.

Paul de Kock, *La grande ville, nouveau tableau de Paris*, 2 vols., Marescq, 1844.

Edmond Texier, *Tableau de Paris*, 2 vols., Paulin et Le chevalier, 1852-53.

La Diable à Paris, Hetzel, 2 vols., 1868.

Louis Huart, *Physiologie du flaneur*, Aubert, 1841.

Louis Huart, *Muséum parisien*, Aubert, 1844.

Joseph Citrouillard, *Les Binettes contemporaines*, Gustave Harvard.

Jules Bertaut, *Le Boulevard*, Frammarion, 1924.

Philarète Chasles, *Les hommes et les moeurs au XIXe siècle*, IPLWFH, 1971.

Jacques Boulenger, *Le Boulevard sous Louis-Philippe*, Calmann-Lévy, 1933.

Jacques Boulenger, *Les Dandys sous Louis-Philippe,* Calmann-Lévy*, 1932.*

Henri d'Almeras, *La vie parisienne sous Louis-Philippe*, Albin Michel.

Daniel Defoe, *Aventures de Robinson Crusoé* (éd. illustrée par J. J. Granville), Garnier, 1840.

Les Etrangers à Paris, Charles Warée, 1844.

Charles Simond, *Paris de 1800 à 1900*, t.2, Plon, 1900.

Louis Barron, *Paris pittoresque*, Société française d'éditions d'art.

Robert Courtine, *La Vie parisienne*, Perrin, 1984.

D. Oster, J.Goulement, *La Vie parisienne*, Sand/Conti, 1989.

René de Livois, *Histoire de la presse française*, 2 vols., SPES, 1965.

Raymond Manevy, *la Presse française*, J. Foret, 1958.

Eugène Hatin, *Bibliographie historique et critique de la presse périodique française*, 1965.

C. Bellanger, J. Godechot, P. Guiral, F. Terrou, *Histoire générale de la presse française*, t.2, PUF, 1969.
Henri-Jean Martin et Roger Chartier, *Histoire de l'édition française*, t.3, Promodis, 1985.
Charles Ledré, *La Presse à l'assaut de la Monarchie*, A. Colin, 1960.
J-P. Seguin, *Nouvelle à sensation, canards du XIXe siècle*, A. Colin, 1959.
E. Sullerot, *la Presse féminine*, A. Colin, 1963.
Martin Lyons, *Le triomphe du livre*, Promodis, 1987.
Roland Chollet, *Balzac Journaliste*, Klincksieck, 1983.
Max Milner, *Littérature française, Le Romantisme, I*, Arthaud, 1973.
Nicole Felkay, *Balzac et ses éditeurs*, Promodis, 1987.
La Gloire de Victor Hugo, Editions de la Réunion des musées nationaux, Paris 1985.
Pierre Barbéris, *Le Prince et le marchand*, Fayard, 1980.
George Matoré, *Le vocabulaire et la société sous Louis-Philippe*, Slatkine, 1967.
J-L. Bory, *Eugène Sue*, Mercure de France, 1963.
M-F Rouart, *Le Mythe du Juif errant*, José Corti, 1988.
A. Martin-Fugier, *La vie élégante*, Fayard, 1990.
H. Wismann (éd.), *Walter Benjamin et Paris*, Cerf, 1986.
Madelaine Delipierre, *Le Costume de la Restauration à la Belle époque*, Frammarion, 1990.
Camille Piton, *Le Costume civil en France*, Frammarion.
Marte Robert, *Roman des origines et origines du roman*, Grasset, 1972.（岩崎力・西永良成訳『起源の小説と小説の起源』河出書房新社、一九七五年）
バルザック『ジャーナリズム博物誌』（鹿島茂訳）新評論、一九八六年（『ジャーナリストの生理学』講談社学術文庫、二〇一四年）。

バルザック『風俗研究』(山田登世子訳) 藤原書店、一九九二年。

ツヴァイク『バルザック』(水野亮訳) 早川書房、一九八〇年。

ゴーチエ『青春の回想』(渡辺一夫訳) 冨山房、一九七七年。

デフォー『ロビンソン・クルーソー』上下 (平井正穂訳) 岩波書店、一九六七―一九七一年。

ウジェーヌ・シュー『さまよえるユダヤ人』(小林龍雄訳) 角川書店、一九八九年。

アンドレ・モーロワ『アレクサンドル・デュマ』(菊地映二訳) 筑摩書房、一九七一年。

『ベンヤミン著作集』6 (川村二郎・野村修訳) 晶文社、一九七五年。

ロラン・バルト『モードの体系』(佐藤信夫訳) みすず書房、一九七二年。

『ボードレール全集』(阿部良雄訳) 筑摩書房、一九八三―一九八九年。

L・アドレール『黎明期のフェミニスム』(加藤節子・杉村和子訳) 人文書院、一九八一年。

W・シヴェルブシュ『鉄道旅行の歴史』(加藤二郎訳) 法政大学出版局、一九八二年。

W・シヴェルブシュ『闇をひらく光』(小川さくえ訳) 法政大学出版局、一九八八年。

W・シヴェルブシュ『楽園・味覚・理性』(福本義憲訳) 法政大学出版局、一九八八年。

セバスティアン・シャルレティ『サン゠シモン主義の歴史』(沢崎浩平・小杉隆芳訳) 法政大学出版局、一九八六年。

ジュディス・ウェクスラー『人間喜劇』(高山宏訳) ありな書房、一九八七年。

レイチェル・ボウルビー『ちょっと見るだけ』(高山宏訳) ありな書房、一九八九年。

フィリップ・ペロー『衣服のアルケオロジー』(大矢タカヤス訳) 文化出版局、一九八五年。

伊東冬美『ジラルダン夫人の生涯』TBSブリタニカ、一九九〇年。

鹿島茂『馬車が買いたい!』白水社、一九九〇年 (新版二〇〇九年)。

北山晴一『おしゃれと権力』三省堂、一九八五年。

小林信彦『小説世界のロビンソン』新潮社、一九八九年。

蓮實重彥『物語批判序説』中央公論、一九八五年 (講談社文芸文庫、二〇一八年)。

ほんとうの後書き

ここにほんとうの後書きと記すのは、ほんとうでないことを書いたからである。いや、書いたことに嘘があるわけではない。書かなかった嘘があるからである。

フランス初の大衆情報紙『プレス』に連載された流行通信『パリ便り』に出会ったのは、もう四年以上も前のことになる。一年間パリに留学した折り、バルザックをはじめ十九世紀文学とその周辺の文化史をめぐって、国立図書館に足を運び、古本屋通いの日々を送っていたある日のこと、『パリ便り』の抜粋が新刊にまとめられているのを書店で目にした。さっそく買いこんでアパルトマンで寝ころがって読んだ。抜群に面白かった。

十九世紀の都市パリの日々の表情、巷のうわさ、時のトピックス、時々のトレンドやファッション……。軽くておしゃれな文章にのって、それらが生き生きと伝わってくる。まちがいなくそれは、メディアの中で生まれた文章だった。わたしは、ロマン主義の時代が〈新聞〉の時代でもあることに改めて思い至った。この連載コラムを仕掛けた『プレス』の編集長は、新聞王エミール・ド・ジラルダンである。ジラルダンはフランスで初めて「情報」を商品にし、さらに新聞広告というものを考えだした〈メディアの商人〉だ。新聞広告を発明し、「学芸欄」を発明し、新聞小説を発明し、さらには輪転機の開発を促したこの男は、あまりにも今日的なメディア社会を先取りしている。学芸欄の力によって同時代の作家たちの「名の値段《ネーム・バリュー》」を支配し、時の言説市場を操ったこの〈メディアの商人〉のすごさを知ってゆくにつれ、十九世紀の言説のとらえかたがわたしのなかで大きく変わっていった。それからというもの、図書館で探す資料、古本屋で探す文献の内容が変わってきた。けれどそのときにはもう帰国の時が迫っていた。日本に戻ってから、あれも見ておきたかった、あれも読みたいと未練の思いにかられつつ、今日までどれほどの古本を買いこんでしまったことだろう。

帰国の翌々年、『現代思想』編集部の喜入冬子さんから連載の話があった。わたしは迷わず『パリ便り』のことをもちだした。このフランス初の新聞連載コラムの解読をとおして、いわゆる文学史とはちがった視点から十九世紀の言説のありようを書いてみたいと思ったのである。本書の第一章を読んでいただけば、それが全体の問題提起にあたっている。

けれど志に反して、作業は難航をきわめた。十九世紀フランスを席巻した〈新聞〉と〈小説〉、その二つの言説の相関について、わたしは悪戦苦闘、ほとんど無謀にちかい断言を書きならべてしまうはめに陥った。連載中、何人かの方々から、楽しそうに書いていますね、ということばをいただいたが、書いている本人は楽しいどころではなかった。が、そこはそれ、もともと嘘をつくのは不得意でないたちである。わたしは『パリ便り』の楽しさを誇張して書いた。

たしかにこの知られざる流行通信は、さまざまな知見をもたらしてくれる。ロマン主義で名高い十九世紀、マスカルチャーの側ではどんなことが起こっていたのか、時の流行風俗はいかなるものであったのか、さまざまな面で何度も新鮮な発見をさせられる。

けれども、「ほんとうのこと」を言って、テクストとしての面白さとなればはまた別である。抜粋を一読するぶんにはたしかにこの作品は抜群に面白い。しかし、全四巻通読するとなれば、それはもう別。退屈さに向きあわざるをえない。むろん読めば読むほど知見はふえるにちがいないが、テクストの快楽という点では、快楽変じて苦痛に近くなってゆく。実際わたしは、論じる以上通読しなければと思い、律儀にも十二年間分、全巻を我慢して読みとおすうちに、退屈のあまり病気になって寝ついてしまった。

時のゴシップを満載したこのシティ便りを「通読」するのが、なぜそれほど退屈なのか。あるときわたしは、蓮實重彥と柄谷行人の対談集『闘争のエチカ』を読みながら、自分が味わった苦痛のわけがはたとのみこめた。対談中、新聞の言説と週刊誌の言説とのちがいにふれながら、柄谷行人がこう語っている箇所がある。ニュースは絶対に物語に回収されない出来事だから後から読み返しても面白いが、これにたいし、ニュースを掘り下げて物語化した週刊誌を読み返すとつまらない、と。まったくそのとおり。ニュースを面白おかしく物語化した言説は、その場で消費されてこそ面白いのであって、後から通読するテクストではないのである。小説は何度でも反復可能だが、週刊誌的言説は反復不可能なのだ。バルザックの小説は十回だろうと二十回だろうと反復可能だが、『パリ便り』は一回流通して消費されるとその命を終える。

『パリ便り』のライターはそのことをよく知っていた。その言説は、つかの間に消費されて消えてゆくことを願っている。〈今〉という時を絶対的な文法としたそのディスクールは、モードを身ぶりしているのである。だから読むほうもまた、通読などという無粋な読みかたをせず、エフェメラの断片を楽しむのがいちばんふさわしい読みかたなのだと思う。モードが好きなわたしは、この流行通信のテクストとしての退屈さについては「言わない嘘」をつきとおした。それが、わたしなりのテクストの愛しかたなのである。モードはいつも内実を裏切り、嘘をつくものだ。ファッション大好きのわたしは、嘘をつくのが嫌いではない。

けれども、ひとつの嘘は他の多くの嘘を呼ぶ。新聞と小説、芸術とジャーナリズム――ブルジョワジーの世紀が生んだこの二つの言説の相関について、新しい「言説の文化史」を書いてみようと思いながら、わたしは苦心惨憺、苦しまぎれに、無謀な断言を書き重ねてゆくことになった。無謀な断言。それを書き連ねるに至ったには、実はもうひとつ、「ほんとうの」わけがある。『パリ便り』と『プレス』に出会うさらに数年前のこと、小説について書かれたある本を読みながら、わたしははっとさせられる不用意な断言に出会ったことがあった。

その本というのは、先にもふれた蓮實重彥の『物語批判序説』のことである。近代小説はフロベールから始まると断定するその本は、フロベールに先立つ小説家にふれて、「バルザックやユゴーは霊感によって書いた」と断言する。フロベールの小説がそこに成立する現代的言説の磁場を説き明かして冴えわたる名著のなか、何度か繰り返されているその断言は、ひときわ奇妙に浮きあがっていた。紋切り型を回避し、凡庸を指弾するに周到な言説を用意する蓮實節にはあまりにそぐわぬ凡庸な断言であった。わたしは、二読、三読した。そのたびに、「霊感によって書いた」という断言の凡庸さは際立った。

つまりその断言は「紋切り型」なのである。そこで著者は不用意にも、ロマン主義について流通してきた言説をふと繰り返してしまったのだ。おそらく、フロベールとそれ以前の小説との間にある構造的差異を強調せんがための戦略であろう。しかし霊感とは紋切り型以外の何であるのか。この不用意な断言をふと口にすることによって、はからずも著者は他者のことばを語らずにいることがいかに困難であるか、身をもって示したことになる。

紋切り型を言わせてしまうもの、それはバルザックやユゴーについての抽象的な知である。抽象的な知をしりぞけるには抽象に逆らわなければならない。わたしは、小説家が小説を書く「労働」の——というのも、まさにそれは霊感でなく労働だからだが——現場に赴いた。執筆契約のごたごた、契約の履行、原稿の引き渡し、ゲラの作業、金銭の受け取り、そしてそれ以前に、なにより原稿の売りこみ先を見つける仕事。そのすべてが、「書く」という労働に付帯して小説家が負わなければならない仕事である。さらに、語の狭い意味でのテクスト生産の現場にあっても、小説家が書いてゆく文は、小説家の「才能」以外のさまざまな要件に左右されている。小説は作家の脳中に抽象的に存在するものではないのだ。

その小説はどのような発表媒体《メディア》に掲載されるのか。その掲載紙を読む読者はいかなる読者なのか。枚数の制約はあるのか。編集者はどのような内容を依頼してきたのか。編集者がその作家を選び、別の作家を選ばなかった理由はいったい何か。そしてその編集者はいかなるメディアの要請にしたがっているのか。さらに、そのメディアの要請は、小説のほかにどのような言説を呼びおこし、組織化したのか。わたしは、思わず知らずテクストの〈外〉のメディアの状況に深入りし、十九世紀の「言説市場」の現場に足を踏みいれることになってしまった。

わたしは、ついつい「霊感」の解体という、身の程知らずの作業にとりかかってしまったのである。バルザックやユゴーは霊感によって書いたなどという紋切り型を放置しておいてはならない。ましてや、小説は、霊感によって書きえなくなった者の失望の体験から始まるといった物語がまことしやかに流通するのを放置しておいてはならない……それがわたしの思いだった。しかし、悲しいかな。意欲は先走れど、肝心の知がおぼつかない。「不用意な断言」に抵抗するわたしの試みは、いくつものはるかに「無謀な断言」をまねきよせることになった。いや、無謀というより、おそらくそれは無謀ですらない断言にすぎず、単なる無知による軽率な断言をいたるところでふりまいているのが真相であろう。

紋切り型を打破するのは、具体的なテクストへの愛である。ユゴーを愛するひと、ネルヴァルを愛するひと、ゴーチエを愛するひと、フロベール以前の小説を愛するさまざまな人びとが拙著の誤まりを訂正してくだされば、と願う。また、新聞や雑誌をはじめ、活字メディアの製作の現場にたずさわる方々の批評を仰げたら、とも願う。わたしのこの無防備な試みが、小説について、ジャーナリズムについて、メディアについて、ひろく二十世紀末現代消費社会の「言説市場」に直結する問題をめぐり、さまざまな議論を呼びおこす小さなきっかけに役立ってくれればと切に祈る。

というわけで、本書がうまれたきっかけは、一九八九年一一月から一九九〇年五月にかけて雑誌『現代思想』へ連載したものがもとである。一章、二、三、四、八、九章にかんしては連載で発表したものに加筆訂正し、五章、六章は、別の機会に『is』46号（一九八九年一二月）、50号（一九九〇年一二月）に掲載したものを改題し大幅な加筆を加えた。七章は書き下ろしである。

それにしても、病気になったわたしを慰めず、許さず、強引に連載を強行させた『現代思想』編集部の喜入冬子さんがいなければわたしは決して書かなかったにちがいない。厚くお礼申し上げたい。また、単行本としてまとめるにあたり細かい編集作業をひきうけて下さった中島郁さんにも心からお礼のことばを記したい。

一九九一年四月

山田登世子

『メディア都市パリ』——きまじめな解説

工藤庸子

新しさを語ることの新しさ

小説ではないけれど、本書には金髪のミューズ、麗しきヒロインがいる。そのひとはナポレオンが戴冠し近代市民社会が幕を開けた一八〇四年の生まれ。おりしもスタール夫人が前年に刊行した『デルフィーヌ』が女性の自由を謳いあげ、強権的な皇帝に睨まれながら、大当たりをとっていたころであり、そのヒロインの名を授けられた。新デルフィーヌは、スタール夫人を見倣うかのようにサロンの花形となり、新聞王ジラルダンの妻としてセレブの足場を固め、やがて書くひとになる。

スタール夫人は信奉する思想のために絶えず政治的な迫害に曝された。ジョルジュ・サンドは男性作家のふりをして社会性をもつ本格小説を書いた。「ブルーストッキング」たちはジャーナリズムという新領域で女性の権利を声高に要求した。それぞれに主義主張をもつ個性的な女たち。これに対してデルフィーヌ・ド・ジラルダンは、何かを書きたいという欲求とも、ペンをにぎる女にありがちな闘争心とも無縁だった。彼女は〈退屈〉を紛らせるためと称し、シャルル・ド・ローネー子爵を名乗って、新聞の連載コラム『パリ便り』を書いた。この〈戯れのエクリチュール〉こそ決定的に新しい——密かにそう確信して、山田登世子は十九世紀のデルフィーヌを造形したにちがいない。

一般的な了解によるなら〈古さ〉は伝統と権威を保証し、〈新しさ〉は改革と刷新を暗示するだろう。いわゆる「新旧論争」はルネサンス以来、ヨーロッパの「文明」という概念の支柱ともなってきた。しかしながらデルフィーヌの体現する〈新しさ〉は〈古さ〉への抵抗として成立するのではないらしい。トピックス、アクチュアリテ、ニュース、情報、流行、エフェメラ、ファディッシュ、モード、ファッション。本書のキーワードを列挙してみれば明らかなように、目を凝らして捉えるべき共通の価値は〈新しさ〉そのものであり、いわば自己目的化したコンセプトのようにも思われる。記述される事物や現象は儚《はかな》くうつろうエフェメラの断片であることが大前提だった。

でも、報道の客観性は？　情報の信憑性は？　そんなものを「流行通信」に求めるなどは野暮の骨頂。いちいち事の真偽を追求していたら、次の締め切りに間に合わない――といった具合に『パリ便り』の書き手に寄り添うディスクールは、ますます軽やかに冴えわたる。エンターテインメントとしての時評は〈事実〉や〈真実〉と切り結ぶことのない言葉を好むものらしく、そこでは「真偽のほどは問題ではない」と自信ありげに著者は言う。著者がヒロインを見倣って華やかに軽薄さをまとったかのようなテクストである。しかしそこに「真偽のほど」つまり〈嘘〉と〈本当〉という設問が導入されたとき、一気に批評的な展望は広がることだろう。

性を偽って男性になりすまし、シャルル・ド・ローネー子爵という偽名を名乗った女性の本名は、デルフィーヌ・ド・ジラルダン。だがじつは、これまた〈嘘〉なのである。夫エミールは捨て子にして私生児だった。拒まれた父の高貴な名を一方的に名乗り、「名の簒奪」によって「商人とプリンス」の対立を露呈させ、際立たせた。当時この種のスキャンダルはめずらしくない。ナポレオンがブルジョワ階級の所有権保護を目的として父と嫡出子の関係を特権化する家族制度を打ち立てて以来、いわゆる「家族小説《ファミリー・ロマンス》」が流行っていた。父の名をめぐる非嫡出子の葛藤や、自分が戸籍上の父の息子ではないと夢想する「捨て子幻想」は、民法典の陰画さながらに繁茂した時代の想像力であり、風俗や文学のトレンドともいえた。

著者によるなら「ロマン主義のマジックは、まず戸籍を捏造することである」。オノレ・ド・バルザックやジェラール・ド・ネルヴァルは、高貴な身分を表す架空の「ド」を付加することで平民の父を否認し「プリンスの名」を騙《かた》っているではないか。生の欲望という次元において、大作家たちもまたブルジョワの成り上がりものだった。

　　陳腐に言いふるされているようにロマン派作家たちは「霊感」によって書いたのでもなければ、無償の夢として彼方を指向したのでもない。ロマン主義という現象はブルジョワジーの世紀にふさわしい世俗的な欲望の現象であり、さらに言うならひとつの風俗現象なのだ。いっぽうにジャーナリズムというい かがわしい言説があり、他方に文学という高貴な言説があるのではないのである。自分たちを「選ばれた少数者」として仮構する作家たちの〈嘘〉を洗いだしてみなければならない。

フランス文学研究者・山田登世子の矜持が窺える、本音の主張であるにちがいないのだが、まずは一点だけ確認しておこう。本書がクローズアップする〈新しさ〉はいつ誕生したかというと、ナポレオン帝政につづく復古王政が崩壊した年、一八三〇年という明確な生年が記されている。この年に、バルザックは「流行語現象」が浮上させる「アクチュアル」な価値に注目した記事を『モード』紙に書いている。さらに「アクチュアリテ」という「最新流行」の語をとりあげて、その使いかたひとつで才人と馬鹿の見分けがつくと断定した。一方で〈文学史〉の一八三〇年は『エルナニ』事件の年である。若きユゴーの戯曲が上演されたとき、その〈新しさ〉が伝統演劇の〈古さ〉に勝利して、青年たちの熱狂するロマン派が主導権を握ったというお定まりの解説を知らぬ者はないだろう。つまりこの年は「文学という高貴な言説」と「ジャーナリズムといういかがわしい言説」の分岐点に当たるということか。いや、この凡庸な解釈こそが、陳腐に言いふるされた「霊感」の物語にゆきつく伏線にほかならない。

くり返すなら一八三〇年にパリで生まれた〈新しさ〉は〈古さ〉の対概念ではないのである。だとすれば、その反意語は？『メディア都市パリ』は一九九一年の日本で刊行された。誰しもが認めるように、山田登世子ともあろうものが身の回りの「流行語現象」や「最新流行」に敏感でないはずはない。バブル景気の真っ只中、一九八〇年代半ばから『朝日ジャーナル』の連載記事として評判を呼んだ田中康夫『ファディッシュ考現学』は、重要な参照文献の一つ。そのものずばり流行を追う若者のふるまいを指す「ファディッシュ」もさることながら、当時「流行語目録」のトップを切ったのは〈ナウい〉。なるほど本書の小見出しにも「ナウさの誘惑」という言葉があった。

つまり〈ダサい〉が反意語なのである。新旧の事象の文明論的優劣を問う近代ヨーロッパの規範的な思考とは無縁な一対の語彙を、明らかに著者は爽快な気分で使っている。〈ダサさ〉は〈野暮ったさ〉の類語であって、過去の重みや〈古さ〉の権威を呼び覚まさないからである。ちなみにあれから三十年、〈ダサい〉は健在なのに〈ナウい〉はなぜか単独で死語になり、それこそ使えば〈ダサい〉オジサン言葉になってしまったらしいのだが、それは著者の責任では断じてない、というかむしろ、そんなことは本書の知ったことではない。

一八三〇年パリの決定的な〈新しさ〉を語るために、ファッショナブルな〈美女〉をヒロインに仕立てあげ、その〈戯れのエクリチュール〉を一九九〇年の日本語で演じてみせること。以上は山田登世子が考案した周到な仕掛けの土台をなす部分といえようが、しかし、いったい何を論じるための仕掛けなのか？

文化史が文学史に挑戦するとき

「ただいま機能停止中の〈文学史〉を書きかえてみよう」と山田登世子は大胆にも宣言する。そのためには「ハイアートをマスカルチャーの側にディコンストラクションし、文学をメディアの側にディコンストラクション」してみればよい。というわけで一八三〇年に始まる七月王政の「マス・メディア」が本書のメイン・テーマとなるのだが、著者によれば「商人とプリンス」の関係を生きぬいた新聞王エミール・ド・ジラルダンが興味を誘うのは、その生涯が「企業家と作家」のメタ物語になっているからにほかならない。

立身出世を夢見た「捨て子」のジラルダンは、発想の異なる新聞をいくつも手がけ、「連載コラム」を創設して偽名のジラルダン夫人にゆだねたが、それだけではない。「学芸欄」で「新聞連載小説」という文芸の一大ジャンルを育み、バルザック、デュマ、ウジェーヌ・シューなどに活躍の場を提供し、広告収入によって購読料を下げ、アメリカの企業家を百年先取りするかのごとく、生産性向上のために新技術の輪転機を導入し、高賃金により労働条件を改善するなどして、消費者でもあり購読者でもある民衆を市場に参入させる「フォード主義」を追求した。

とりあえず名を挙げた三人の作家は、それぞれにジラルダン方式の市場原理に鍛え上げられて「文豪」の地位を獲得したのであり、その逆ではない。つまり「企業家」が「作家」に依存したのではなく「企業家」によって「作家」が作られたのである。「金で買われるミューズ」の世界、小説家の名には〈値段〉がついた。一八三五年のジラルダンの算定によれば、二千五百部以上売れる作家は一作につき三千から四千フラン（およそ三百万から四百万円）。次なるランクは千五百部の売れ行きを見込める作家たちで、その相場は千五百フラン。シューとバルザックは当面ここに並んでいるが、新聞小説全盛期の一八四〇年になると、バルザックは一万フラン。ただし『さまよえるユダヤ人』で記念碑的成功をおさめたシューの十分の一である。新聞の学芸欄の場合、一行いくらで値がついたというのだから、「売文」も極まったと突き放すべきなのか。それとも妙に生々しく現代風で、身につまされるというべきか。

容赦ない金銭の話、過激な数字の話はとどまるところがない。山田登世子は意地と根性で——『パリ便り』の「十二年分を通読」して「病気になって寝ついてしまった」りするほどに——徹底的に調べものをする研究者なのである。『リゾート世紀末』(一九九八年)の「あとがき」は、凍てつくような冬のパリ、古書市で思わぬ本を見つけ、〈文化史〉という研究領域の「果てのなさ」にうちのめされて舗道に独りしゃがみこみ、さめざめと泣いたというエピソードで埋められている。じっさい「〈文学史〉を書きかえてみよう」という野心は、はるかに広範な〈文化史〉のコンテクストを重視するという、ごく単純な決断と秘められた覚悟に支えられている。

本書の白眉ともいえる成果は、バルザックの書斎をロビンソンの〈島〉になぞらえて、小説の生産方式を記述する断章にある。一八四六年の三カ月、三八回の連載で仕上げた『従妹ベット』の奮戦記は、ともかく凄まじいのだが、一〇時間も二〇時間もぶっつづけで原稿やゲラと格闘するとか、校正の回数が二桁になることもあるとか、圧倒的な細部をここでくり返すことはつつしみたい。書くひとをめぐるこれら唯物論的な調査と考察があってこそ、著者は断言できるのだ——作家のスタイルは「そっくり時代の産物」なのであり、「文体」なるものが「作家の脳中に在る」のではない、要するにバルザックは「隅から隅まで〈市場の中の芸術家〉であった」と。そこまで大胆に断言してしまって大丈夫なのか、などと問わぬことにしよう。

テクストの生産と消費をめぐる「言説の文化史」とは、このようなものである。その見えざる基底をなすのは、書くことをめぐる哲学的思考にほかなるまい。ロビンソンの漂着した孤島を「インダストリーによって征服すべき白紙の土地」に見立てたのは、ミシェル・ド・セルトーだが、その『日常的実践のポイエティーク』の訳者が、本書を書いているのである。この事実を軽く見てはならないが、とはいえここは、イエズス会士でもある異端の歴史家に山田登世子が強く惹かれる理由を問う場ではない。ただし、本書のもくろみのひとつが「書くという労働によって成り上がる」ブルジョワ作家の「征服記」を書くことにあり、そこで「ロビンソンの〈島〉」は「ファロスの王国」とも呼ばれていることだけは、あらためて強調しておきたい。

近代ヨーロッパの市民社会を席捲した〈征服のエクリチュール〉に絡めとられぬ言説、軽く儚い言葉からなるテクストとして、山田登世子はデルフィーヌの〈戯れのエクリチュール〉を戦略的に顕揚するのである。おそらくここには密かな〈挑戦〉の意図がある。ただし男と女の対立よりも〈境界〉の存在そのものに興味と関心を抱く著者のことだから、すなおにフェミニズムの〈闘争〉に同調するはずはない。ロビンソン・クルーソーに言及しながらも、ピーター・ヒュームの『征服の修辞学』をはじめ、ポストコロニアル批評の権威があっさり無視されることの理由など、わざわざ詮索するまでもないだろう。九章からなる『メディア都市パリ』の端整な構成は、どこかフィクションめいており、ヒロインの出番はさほど多くはないけれど、モードを語るフィナーレで、物語はデルフィーヌに送り返されて、しっかり女たちの視座に着地する。

嘘と本当と批評について

要するにデルフィーヌとは何者か？　この〈美女〉は「男の権力への羨望」とは生涯無縁だった、と著者は結論する。『パリ便り』が十年以上にわたって送りつづけた「メタ・メッセージ」は「男の帝国」など羨ましくないという「気分」であるとのこと。なるほどそう言われれば、スタール夫人もジョルジュ・サンドも、そしてジャーナリズムで発言するようになった女たち、現代に至る数え切れぬほどのフェミニストたちも、ほぼ例外なく「ファロスの王国」への〈越境〉をめざしたのだった。これに対してデルフィーヌの決定的な〈新しさ〉は「ミーハーであることの快楽」を知りつくし、「退屈な真実」より「面白い嘘」を愛したことに由来する。

「モードは境界に及び」との小見出しを立てた締めくくりの断章で〈戯れのエクリチュール〉を側面から擁護するのは、田中康夫ではなく、ロラン・バルトである。容易に想像されることだが、オートクチュールは古典的な表象システムに依拠して、つまり深層の真実は表層によって代弁されるという了解にもとづいて、女をめぐるジェンダー神話を作りあげてきた。一方『モードの体系』のバルトが言うように、モードという「祝祭の暴君」は〈今〉というエフェメラの時間によってすべてを支配して、ジェンダーの領界まで揺るがせる。

見えるものは見えないものを覆う仮象であって、真実の〈私〉は秘めたところに在る——こうした〈真理のコード〉がひたすら希薄化してゆく地平、それをポストモダンと呼ぼうがメディア社会と呼ぼうがかまわないが、それこそモードの専制が招来させた地平であろう。(……)表層は深層というレフェランスぬきで自足するのである。まさしくバルトが言うように、モードの文法はひたすら自己言及的であり、モード以外のレフェランスをもっていない。モードにとっては性は関与的ではないのである。

こうしてモードは「深層の真実」を無効化する。男と女の対立を揺るがし、性の境界を希薄化する。『パリ便り』の話法にならい、著者はこうも断言するのである——「退屈なのだ、本物は。真の男とか真の女とかいう境界は」と。

ところで本書には「ほんとうの後書き」と記された著者の文章が付されており、読者は〈嘘〉と〈本当〉をめぐる著者の戯れに、今いちど翻弄されることになる。たとえば、と著者は言う、「ほんとうのこと」を言って『パリ便り』は隅から隅まで面白いわけではない——先に一部紹介した文章だが——「論じる以上通読しなければと思い、律儀にも十二年分、全巻を我慢して読みとおすうちに、退屈のあまり病気になって寝ついてしまった」と。で、これは「ほんとうのこと」?

『メディア都市パリ』はバブル崩壊の年である一九九一年に刊行されて、三、四十の書評が出回るほど大評判になった。ニュー・アカデミズムの成果も一通り出揃っており、「後書き」には蓮實重彥『物語批判序説』(一九八五年)と蓮實重彥・柄谷行人『闘争のエチカ』(一九八八年)の二冊が明示的に掲げられているのだが、じつはどちらも本文には登場していない。『闘争のエチカ』については、ニュースを面白おかしく物語化した文章は、その場で消費されるものであり、再読には適さない、という柄谷発言が紹介されて、通読に耐えぬ『パリ便り』の謎が解けたと述懐する。これは、おそらく嘘ではない。

『物語批判序説』については、嘘とも本当とも判定しがたい「無謀な断言」が記されている。フロベールに先立つ小説家について「バルザックやユゴーは霊感によって書いた」との断言が何度か繰り返されるけれど、蓮實重彥に似合わぬ「凡庸な断言」ではないか、この「紋切り型」を打破するために、自分は本書を書いた、と山田登世子は断言するのである。しかも、この「無謀な断言」には洒落た後日譚がある。

一九九五年に『メディア都市パリ』が「ちくま学芸文庫」に収録されたとき、「解説」を書いたのは、ほかならぬ蓮實重彥。山田登世子は「文庫版後書き」で執筆の動機をふり返り、一九八〇年代日本の消費社会の光景と、メディアとモードが繰り出す浮薄な言説を目にしながら、これに限りなく類似した光景を十九世紀パリに見出そうとしたときに、それは世紀前半のロマン派の時代にあると主張したのだが、じつはこの主張自体が「無謀な断言」なのであり、ほとんど〈嘘〉だった、という趣旨のことを述べている。自分は現代の〈始まり〉をあえて一八三〇年に見立て、「誇張と捨象のレトリック」に満ちた〈フィクション〉を書いたというのである。そのことを見事に指摘できるのは、蓮實重彦を措いてほかにない、とも断言するのだが、山田登世子の誘惑のディスクールに、蓮實重彦は「批判的な解説」と称する文章でいかに応えたか。この問いに答えることは、この「解説」に課された役割を越える。

それにしても山田登世子ほど聡明で肝が据わった書き手が「ほんとうの後書き」で、時代の先端を切る「批評家」二名の名を迂闊に挙げるはずはないのである。〈文学史〉を凌駕する〈文化史〉という、むしろ穏当な佇まいを見せる本書の内奥には、同時代的な〈批評〉の営みに参画しようという密かな野心が隠されているとわたしは考える。ただし、この問題を論じるためには、一九九〇年の日本の言論のなかで〈批評〉がもちえた衝迫力、そのラディカルな意味をあらためて問わねばなるまい。

そうしたわけで結論というより新たな問題提起によって、このきまじめな解説は終わる。刊行後ほぼ三十年を経た『メディア都市パリ』の語りつくせぬ魅力と〈新しさ〉は、その強靭な歴史性に由来する。「ほんとうのこと」を言って、一九九〇年の日本において〈批評〉に挑んだ女性は、山田登世子ただ一人なのである。

くどう・ようこ　一九四四年生まれ。東京大学名誉教授。フランス文学、ヨーロッパ地域文化研究

〈編集部付記〉

本書は一九九一年六月十日に青土社、一九九五年十二月七日に筑摩書房（ちくま学芸文庫）より刊行された。本文は筑摩書房版を底本とし、明らかな誤記は訂正した。図版は両者を参照した。文庫版の「後書き」「解説」は収録していない。

著者紹介

山田登世子（やまだ・とよこ）

1946-2016年。福岡県田川市出身。フランス文学者。愛知淑徳大学名誉教授。

主な著書に、『モードの帝国』（ちくま学芸文庫）、『娼婦』（日本文芸社）、『声の銀河系』（河出書房新社）、『リゾート世紀末』（筑摩書房、台湾版『水的記憶之旅』）、『晶子とシャネル』（勁草書房）、『ブランドの条件』（岩波書店、韓国版『Made in ブランド』）、『贅沢の条件』（岩波書店）、『誰も知らない印象派』（左右社）、『「フランスかぶれ」の誕生』『モードの誘惑』『都市のエクスタシー』（藤原書店）など多数。

主な訳書に、バルザック『風俗研究』『従妹ベット』上下巻（藤原書店）、アラン・コルバン『においの歴史』『処女崇拝の系譜』（共訳、藤原書店）、ポール・モラン『シャネル――人生を語る』（中央公論新社）、モーパッサン『モーパッサン短編集』（ちくま文庫）、ロラン・バルト『ロラン・バルト　モード論集』（ちくま学芸文庫）ほか多数。

メディア都市《とし》パリ

2018年12月10日　初版第1刷発行©

著　者　山田登世子

発行者　藤原良雄

発行所　株式会社　藤原書店

〒162-0041　東京都新宿区早稲田鶴巻町523

電　話　03（5272）0301

FAX　03（5272）0450

振　替　00160 - 4 - 17013

info@fujiwara-shoten.co.jp

印刷・製本　中央精版印刷

落丁本・乱丁本はお取替えいたします

定価はカバーに表示してあります

Printed in Japan

ISBN978-4-86578-201-1

7　金融小説名篇集　吉田典子・宮下志朗 訳＝解説
〈対談〉青木雄二×鹿島茂

ゴプセック――高利貸し観察記　*Gobseck*
ニュシンゲン銀行――偽装倒産物語　*La Maison Nucingen*
名うてのゴディサール――だまされたセールスマン　*L'Illustre Gaudissart*
骨董室――手形偽造物語　*Le Cabinet des antiques*

528頁　3200円（1999年11月刊）◇978-4-89434-155-5

高利貸しのゴプセック、銀行家ニュシンゲン、凄腕のセールスマン、ゴディサール。いずれ劣らぬ個性をもった「人間喜劇」の名脇役が主役となる三篇と、青年貴族が手形偽造で捕まるまでに破滅する「骨董室」を収めた作品集。「いまの時代は、日本の経済がバルザック的になってきたといえますね。」（青木雄二氏評）

8・9　娼婦の栄光と悲惨――悪党ヴォートラン最後の変身（2分冊）
Splendeurs et misères des courtisanes
飯島耕一 訳＝解説
〈対談〉池内紀×山田登世子

⑧448頁 ⑨448頁　各3200円（2000年12月刊）⑧◇978-4-89434-208-8 ⑨◇978-4-89434-209-5

『幻滅』で出会った闇の人物ヴォートランと美貌の詩人リュシアン。彼らに襲いかかる最後の運命は？「社会の管理化が進むなか、消えていくものと生き残る者とがふるいにかけられ、ヒーローのありえた時代が終わりつつあることが、ここにはっきり描かれている。」（池内紀氏評）

10　あら皮――欲望の哲学　小倉孝誠 訳＝解説
La Peau de chagrin
〈対談〉植島啓司×山田登世子

448頁　3200円（2000年3月刊）◇978-4-89434-170-8

絶望し、自殺まで考えた青年が手にした「あら皮」。それは、寿命と引き換えに願いを叶える魔法の皮であった。その後の青年はいかに？「外側から見ると欲望まるだしの人間が、内側から見ると全然違っている。それがバルザックの秘密だと思う。」（植島啓司氏評）

11・12　従妹《いとこ》ベット――好色一代記（2分冊）　山田登世子 訳＝解説
La Cousine Bette
〈対談〉松浦寿輝×山田登世子

⑪352頁 ⑫352頁　各3200円（2001年7月刊）⑪◇978-4-89434-241-5 ⑫◇978-4-89434-242-2

美しい妻に愛されながらも、義理の従妹ベットと素人娼婦ヴァレリーに操られ、快楽を追い求め徹底的に堕ちていく放蕩貴族ユロの物語。「滑稽なまでの激しい情念が崇高なものに転じるさまが描かれている。」（松浦寿輝氏評）

13　従兄《いとこ》ポンス――収集家の悲劇　柏木隆雄 訳＝解説
Le Cousin Pons
〈対談〉福田和也×鹿島茂

504頁　3200円（1999年9月刊）◇978-4-89434-146-3

骨董収集に没頭する、成功に無欲な老音楽家ポンスと友人シュムッケ。心優しい二人の友情と、ポンスの収集品を狙う貪欲な輩の蠢く資本主義社会の諸相を描いた、バルザック最晩年の作品。「小説の異常な情報量。今だったら、それだけで長篇を書けるような話が十もある。」（福田和也氏評）

別巻1　バルザック「人間喜劇」ハンドブック　大矢タカヤス 編
奥田恭士・片桐祐・佐野栄一・菅原珠子・山﨑朱美子＝共同執筆

264頁　3000円（2000年5月刊）◇978-4-89434-180-7

「登場人物辞典」、「家系図」、「作品内年表」、「服飾解説」からなる、バルザック愛読者待望の本邦初オリジナルハンドブック。

別巻2　バルザック「人間喜劇」全作品あらすじ
大矢タカヤス 編　奥田恭士・片桐祐・佐野栄一＝共同執筆

432頁　3800円（1999年5月刊）◇978-4-89434-135-7

思想的にも方法的にも相矛盾するほどの多彩な傾向をもった百篇近くの作品群からなる、広大な「人間喜劇」の世界を鳥瞰する画期的試み。コンパクトでありながら、あたかも作品を読み進んでいるかのような臨場感を味わえる。当時のイラストをふんだんに収め、詳しい「バルザック年譜」も附す。

膨大な作品群から傑作を精選！

バルザック「人間喜劇」セレクション

（全13巻・別巻二）

Honoré de Balzac(1799-1850)

責任編集　**鹿島茂／山田登世子／大矢タカヤス**

四六変上製カバー装　**セット計48200円**

〈推薦〉　**五木寛之／村上龍**

各巻に特別附録としてバルザックを愛する作家・文化人と責任編集者との対談を収録。各巻イラスト（フュルヌ版）入。

1　ペール・ゴリオ——パリ物語

Le Père Goriot

鹿島茂 訳＝解説

〈対談〉中野翠×鹿島茂

472頁　**2800円**（1999年5月刊）◇978-4-89434-134-0

「人間喜劇」のエッセンスが詰まった、壮大な物語のプロローグ。パリにやってきた野心家の青年が、金と欲望の街でなり上がる様を描く風俗小説の傑作を、まったく新しい訳で現代に甦らせる。「ヴォートランが、世の中をまずありのままに見ろというでしょう。私もその通りだと思う。」（中野翠氏評）

2　セザール・ビロトー　——ある香水商の隆盛と凋落

Histoire de la grandeur et de la décadence de César Birotteau

大矢タカヤス 訳＝解説　〈対談〉髙村薫×鹿島茂

456頁　**2800円**（1999年7月刊）◇978-4-89434-143-2

土地投機、不良債権、破産……。バルザックはすべてを描いていた。お人好し故に詐欺に遭い、破産に追い込まれる純朴なブルジョワの盛衰記。「文句なしにおもしろい。こんなに今日的なテーマが19世紀初めのパリにあったことに驚いた。」（髙村薫氏評）

3　十三人組物語

Histoire des Treize

西川祐子 訳＝解説

〈対談〉中沢新一×山田登世子

フェラギュス——禁じられた父性愛　*Ferragus, Chef des Dévorants*
ランジェ公爵夫人——死に至る恋愛遊戯　*La Duchesse de Langeais*
金色の眼の娘——鏡像関係　*La Fille aux Yeux d'Or*

536頁　**3800円**（2002年3月刊）◇978-4-89434-277-4

パリで暗躍する、冷酷で優雅な十三人の秘密結社の男たちにまつわる、傑作3話を収めたオムニバス小説。「バルザックの本質は『秘密』であるとクルチウスは喝破するが、この小説は秘密の秘密、その最たるものだ。」（中沢新一氏評）

4・5　幻滅——メディア戦記（2分冊）

Illusions perdues

野崎歓＋青木真紀子 訳＝解説

〈対談〉山口昌男×山田登世子

④488頁⑤488頁　**各3200円**（④2000年9月刊⑤10月刊）④◇978-4-89434-194-4　⑤◇978-4-89434-197-5

純朴で美貌の文学青年リュシアンが迷い込んでしまった、汚濁まみれの出版業界を痛快に描いた傑作。「出版という現象を考えても、普通は、皮膚の部分しか描かない。しかしバルザックは、骨の細部まで描いている。」（山口昌男氏評）

6　ラブイユーズ——無頼一代記

La Rabouilleuse

吉村和明 訳＝解説

〈対談〉町田康×鹿島茂

480頁　**3200円**（2000年1月刊）◇978-4-89434-160-9

極悪人が、なぜこれほどまでに魅力的なのか？　欲望に翻弄され、周囲に災厄と悲嘆をまき散らす、「人間喜劇」随一の極悪人フィリップを描いた悪漢小説。「読んでいると止められなくなって……。このスピード感に知らない間に持っていかれた。」（町田康氏評）

知られざるゾラの全貌

〈ゾラ・セレクション〉プレ企画

いま、なぜゾラか

〔ゾラ入門〕

宮下志朗・小倉孝誠編

金銭、セックス、レジャー、労働、大衆消費社会と都市……二十世紀を先取りする今日的な主題をめぐって濃密な物語を描き、しかも、その多くの作品が映画化されているエミール・ゾラ。自然主義文学者という型に押しこめられ誤解されていた作家の知られざる全体像が、いま初めて明かされる。

四六並製　三二八頁　**二八〇〇円**
（二〇〇二年一〇月刊）
◇978-4-89434-306-1

ゾラは新しい！

ゾラの可能性

〔表象・科学・身体〕

小倉孝誠・宮下志朗編

科学技術、資本主義、女性、身体、都市と大衆……二十世紀に軋轢を生じさせる様々な問題を、十九世紀に既に濃密な物語に仕立て上げていたゾラ。その真の魅力を、日仏第一線の執筆陣が描く。

アギュロン／コルバン／ノワレ／ペロー／ミットラン／朝比奈弘治／稲賀繁美／荻野アンナ／柏木隆雄／金森修／工藤庸子／高山宏／野崎歓

A5上製　三四四頁　**三八〇〇円**
（二〇〇五年六月刊）
◇978-4-89434-456-3

〝欲望史観〟で読み解くゾラへの導きの書

欲望する機械

〔ゾラの「ルーゴン＝マッカール叢書」〕

寺田光徳

フランス第二帝政期、驀進する資本主義のもと自らの強い〝欲望〟に突き動かされる一族の物語を解読。フロイトに先立ち、より深く、人間存在の根底の〝欲望〟と歴史、社会の成立を描いてみせた文豪ゾラ像を抉る。

四六上製　四二四頁　**四六〇〇円**
（二〇一三年三月刊）
◇978-4-89434-905-6

❺ボヌール・デ・ダム百貨店——デパートの誕生

Au Bonheur des Dames, 1883 吉田典子 訳＝解説

ゾラの時代に躍進を始める華やかなデパートは、婦人客を食いものにし、小商店を押しつぶす怪物的な機械装置でもあった。大量の魅力的な商品と近代商法によってパリ中の女性を誘惑、驚異的に売上げを伸ばす「ご婦人方の幸福」百貨店を描き出した大作。

656頁 **4800円** ◇978-4-89434-375-7（第6回配本／2004年2月刊）

❻獣人——愛と殺人の鉄道物語 *La Bête Humaine, 1890* 寺田光德 訳＝解説

「叢書」中屈指の人気を誇る、探偵小説的興趣をもった作品。第二帝政期に文明と進歩の象徴として時代の先頭を疾駆していた「鉄道」を駆使して同時代の社会とそこに生きる人々の感性を活写し、小説に新境地を切り開いた、ゾラの斬新さが理解できる。

528頁 **3800円** ◇978-4-89434-410-5（第8回配本／2004年11月刊）

❼金《かね》 *L'Argent, 1891* 野村正人 訳＝解説

誇大妄想狂的な欲望に憑かれ、最後には自分を蕩尽せずにすまない人間とその時代を見事に描ききる、80年代日本のバブル時代を彷彿とさせる作品。主人公の栄光と悲惨はそのまま、華やかさの裏に崩壊の影が忍び寄っていた第二帝政の運命である。

576頁 **4200円** ◇978-4-89434-361-0（第5回配本／2003年11月刊）

❽文学論集 1865–1896 *Critique Littéraire* 佐藤正年 編訳＝解説

「実験小説論」だけを根拠にゾラの文学理論を裁断してきた紋切り型の文学史を一新、ゾラの幅広く奥深い文学観を呈示！ 「個性的な表現」「文学における金銭」「淫らな文学」「文学における道徳性について」「小説家の権利」「バルザック」「スタンダール」他。

440頁 **3600円** ◇978-4-89434-564-5（第9回配本／2007年3月刊）

❾美術論集 *Écrits sur l'Art* 三浦篤 編＝解説 三浦篤・藤原貞朗 訳

セザンヌの親友であり、マネや印象派を逸早く評価した先鋭の美術批評家でもあったゾラ。鋭敏な観察眼、挑発的な文体で当時の業界に衝撃を与えた文章を本格的に紹介する、本邦初のゾラ美術論集。「造形芸術家解説」152名収録。

520頁 **4600円** ◇978-4-89434-750-2（第10回配本／2010年7月刊）

❿時代を読む 1870–1900 *Chroniques et Polémiques*

小倉孝誠・菅野賢治 編訳＝解説

権力に抗しても真実を追求する“知識人”作家ゾラの、現代の諸問題を見透すような作品を精選。「私は告発する」のようなドレフュス事件関連の他、新聞、女性、教育、宗教、共和国、離婚、動物愛護などテーマは多岐にわたる。

392頁 **3200円** ◇978-4-89434-311-5（第1回配本／2002年11月刊）

⓫書簡集 1858–1902 *Correspondance*

小倉孝誠 編＝解説 小倉孝誠・有富智世・高井奈緒・寺田寅彦 訳

19世紀後半の作家、画家、音楽家、ジャーナリスト、政治家らと幅広く交流したゾラの手紙から時代の全体像を浮彫りにする第一級史料の本邦初訳。セザンヌ、ユゴー、フロベール、ゴンクール、ツルゲーネフ、ドレフュス他宛。

456頁 **5600円** ◇978-4-89434-852-3（第11回配本／2012年4月刊）

別巻 **ゾラ・ハンドブック** 小倉孝誠 編

これ一巻でゾラのすべてが分かる。ゾラを通して19世紀フランスを見る。①作品紹介（あらすじと主要テーマ） ②社会、時代キーワード ③関連人物紹介、関連地名紹介 ④ゾラと日本 〈附〉年譜、参考文献 （最終配本）

資本主義社会に生きる人間の矛盾を描き尽した巨人

ゾラ・セレクション

（全 11 巻・別巻一）

責任編集　**宮下志朗　小倉孝誠**

四六変上製カバー装　**各巻 3200 〜 5600 円**　各巻 390 〜 660 頁　各巻イラスト入

Emile Zola（1840-1902）

◆本セレクションの特徴◆

▶ 小説はもちろん、文学論、美術論、ジャーナリスティックな著作、書簡集を収めた、本邦初の本格的なゾラ著作集。

▶『居酒屋』『ナナ』といった定番をあえて外し、これまで翻訳されたことのない作品を中心として、ゾラの知られざる側面をクローズアップ。

▶ 各巻末に訳者による「解説」を付し、作品理解への便宜をはかる。

＊白抜き数字は既刊

❶初期名作集――テレーズ・ラカン、引き立て役ほか

Première Œuvres　宮下志朗 編訳＝解説

最初の傑作「テレーズ・ラカン」の他、「引き立て役」「広告の犠牲者」「猫たちの天国」「コクヴィル村の酒盛り」「オリヴィエ・ベカーユの死」など、近代都市パリの繁栄と矛盾を鋭い観察眼で執拗に写しとった短篇を、本邦初訳・新訳で収録。

464 頁　**3600 円**　◇ 978-4-89434-401-3（第 7 回配本／ 2004 年 9 月刊）

❷パリの胃袋 *Le Ventre de Paris, 1873*　朝比奈弘治 訳＝解説

色彩、匂いあざやかな「食べ物小説」、新しいパリを描く「都市風俗小説」、無実の政治犯が政治的陰謀にのめりこむ「政治小説」、肥満した腹（＝生活の安楽にのみ関心）・痩せっぽち（＝社会に不満）の対立から人間社会の現実を描ききる「社会小説」。

448 頁　**3600 円**◇ 978-4-89434-327-6（第 2 回配本／ 2003 年 3 月刊）

❸ムーレ神父のあやまち *La Faute de l'Abbé Mouret, 1875*

清水正和・倉智恒夫 訳＝解説

神秘的・幻想的な自然賛美の異色作。寂しいプロヴァンスの荒野の描写にはセザンヌの影響がうかがえ、修道士の「耳切事件」は、この作品を愛したゴッホに大きな影響を与えた。ゾラ没後百年を機に、「幻の楽園」と言われた作品の神秘のベールをはがす。

496 頁　**3800 円**　◇ 978-4-89434-337-5（第 4 回配本／ 2003 年 10 月刊）

❹愛の一ページ *Une Page d'Amour, 1878*　石井啓子 訳＝解説

禁断の愛、嫉妬と絶望、そして愛の終わり……。大作『居酒屋』と『ナナ』の間にはさまれた地味な作品だが、日本の読者が長年小説家ゾラに抱いてきたイメージを一新する作品。ルーゴン＝マッカール叢書の第八作で、一族の家系図を付す。

560 頁　**4200 円**　◇ 978-4-89434-355-9（第 3 回配本／ 2003 年 9 月刊）

❺　**ジャンヌ**――無垢の魂をもつ野の少女　*Jeanne, 1844*

持田明子 訳＝解説

現世の愛を受け入れられず悲劇的な死をとげる、読み書きのできぬ無垢で素朴な羊飼いの少女ジャンヌの物語。「私には書けない驚嘆に値する傑作」（バルザック）、「単に清らかであるのみならず無垢のゆえに力強い理想」（ドストエフスキー）。　440 頁　**3600 円**　◇ 978-4-89434-522-5（第 6 回配本／ 2006 年 6 月刊）

❻　**魔の沼**　ほか　*La Mare au Diable, 1846*　持田明子 訳＝解説

貧しい隣家の娘マリの同道を頼まれた農夫ジェルマン。途中道に迷い、〈魔の沼〉のほとりで一夜を明かす。娘の優しさや謙虚さに、いつしか彼の心に愛が芽生える……自然に抱かれ額に汗して働く農夫への賛歌。ベリー地方の婚礼習俗の報告を付す。

〈附〉「マルシュ地方とベリー地方の片隅――ブサック城のタピスリー」（1847）
「ベリー地方の風俗と風習」（1851）

232 頁　**2200 円**　◇ 978-4-89434-431-0（第 2 回配本／ 2005 年 1 月刊）

❼　**黒い町**　*La Ville Noire, 1861*　石井啓子 訳＝解説

ゾラ「ジェルミナル」に先んじること 20 数年、フランス有数の刃物生産地ティエールをモデルに、労働者の世界を真正面から描く産業小説の先駆。裏切った恋人への想いを断ち切るため長い遍歴の旅に出た天才刃物職人を待ち受けていたのは……。　296 頁　**2400 円**　◇ 978-4-89434-495-2（第 5 回配本／ 2006 年 2 月刊）

❽　**ちいさな愛の物語**　*Contes d'une Grand-mère, 1873, 1876*

小椋順子 訳＝解説

「ピクトルデュの城」「女王コアックス」「バラ色の雲」「勇気の翼」「巨岩イエウス」「ものを言う樫の木」「犬と神聖な花」「花のささやき」「埃の妖精」「牡蠣の精」。自然と人間の交流、澄んだ心だけに見える不思議な世界を描く。（画・よしだみどり）　520 頁　**3600 円**　◇ 978-4-89434-448-8（第 3 回配本／ 2005 年 4 月刊）

❾　**書簡集**　1812-1876　*Correspondance*

持田明子・大野一道 編・監訳・解説　石井啓子・小椋順子・鈴木順子 訳

「書簡は、サンドの最高傑作」。フロベール、バルザック、ハイネ、ユゴー、デュマ・フィス、ツルゲーネフ、マリ・ダグー、ドラクロワ、ショパン、リスト、ミシュレ、マルクス、バクーニン……2 万通に及ぶ全書簡から精選。

536 頁　**6600 円**　◇ 978-4-89434-896-7（第 9 回配本／ 2013 年 7 月刊）

別巻　**ジョルジュ・サンド ハンドブック**　持田明子・大野一道 編

「自由への道――サンドとその時代」「サンドの今日性」（M・ペロー）／サンドの珠玉の言葉／サンド年譜／主要作品紹介／全作品一覧 ほか　（最終配本）

自由を生きた女性

〈ジョルジュ・サンド〉セレクションプレ企画

ジョルジュ・サンド 1804-76

〈自由、愛、そして自然〉

持田明子

真の自由を生きた女性、ジョルジュ・サンドの目から見た十九世紀。全女性必読の書。**写真・図版多数**

〈附〉作品年譜／同時代人評（バルザック、ハイネ、フロベール、バクーニン、ドストエフスキーほか）

A5変並製　二八〇頁　二二〇〇円
（二〇〇四年六月刊）
◇ 978-4-89434-393-1

「嗅覚革命」を活写

においの歴史

〈嗅覚と社会的想像力〉

A・コルバン
山田登世子・鹿島茂訳

アナール派を代表して「感性の歴史学」という新領野を拓く。悪臭を嫌悪し、芳香を愛でるという現代人に自明の感受性が、いつ、どこで誕生したのか？ 十八世紀西欧の歴史の中の「嗅覚革命」を辿り、公衆衛生学の誕生と悪臭退治の起源を浮き彫る名著。

A5上製 四〇〇頁 **四九〇〇円**
（一九九〇年一二月刊）
◇978-4-938661-16-8

LE MIASME ET LA JONQUILLE Alain CORBIN

〈売春の社会史〉の傑作

娼婦〈新版〉㊤㊦

A・コルバン
杉村和子監訳
山田登世子＝解説

アナール派初の、そして世界初の社会史と呼べる売春の歴史学。「世界最古の職業」と「性の欲望」が歴史の中で変容する様を鮮やかに描き出す大作。

A5並製 ㊤三〇四頁 ㊦三五二頁 口絵一六頁 **各三二〇〇円**
（一九九一年二月／二〇一〇年一一月刊）
㊤◇978-4-89434-768-7
㊦◇978-4-89434-769-4

LES FILLES DE NOCE Alain CORBIN

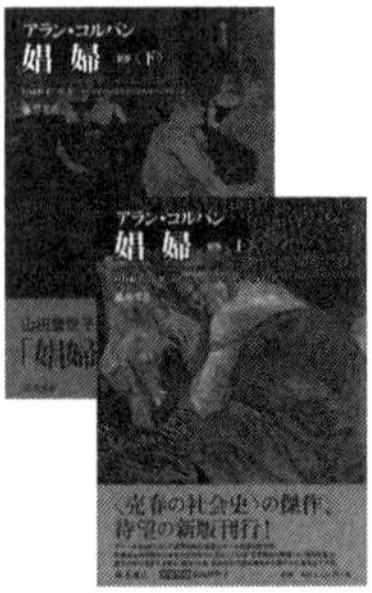

明治の児らは、ひたとフランスに憧れた

「フランスかぶれ」の誕生

〈「明星」の時代 1900-1927〉

山田登世子

明治から大正、昭和へと日本の文学が移りゆくなか、フランスから脈々と注ぎこまれた都市的詩情とは何だったのか。雑誌「明星」と、“編集者”与謝野鉄幹、そして、上田敏、石川啄木、北原白秋、永井荷風、大杉栄、堀口大學らの「明星」をとりまく綺羅星のごとき群像を通じて描く、「フランス憧憬」が生んだ日本近代文学の系譜。

A5変上製 二八〇頁 **カラー口絵八頁 二四〇〇円**
（二〇一五年一〇月刊）
◇978-4-86578-047-5

急逝した仏文学者への回想、そして、その足跡

月の別れ

〈回想の山田登世子〉

山田鋭夫編

文学・メディア・モード等幅広い領域で鮮烈な文章を残した山田登世子さん。追悼文、書評、著作一覧、略年譜を集成。 **口絵四頁**

〈執筆〉山田登世子／青柳いづみこ／浅井美里／安孫子誠男／阿部日奈子／池内紀／石井洋二郎／石田雅子／今福龍太／岩川哲司／内田純一／大野光子／小倉孝誠／鹿島茂／喜入冬子／工藤庸子／甲野郁代／小林素文／斉藤日出治／坂元多／塩沢由典／島田佳幸／清水良典／須谷美以子／高哲男／田所夏子／田中秀臣／中川智子／丹羽彩圭実／羽田明子／浜名優美／林寛子／藤田菜々子／藤原良雄／古川義子／松永美弘／三砂ちづる／三品信／山口典子／山田鋭夫／横山芙美／若森文子

A5上製 二二四頁 **二六〇〇円**
（二〇一七年八月刊）
◇978-4-86578-135-9